家乡文化家乡情

——园本课程资源的开发与整合

YUAN BEN KE CHENG ZI YUAN
DE KAI FA YU ZHENG HE

徐赛赛 主编

ZHEJIANG UNIVERSITY PRESS
浙江大学出版社

图书在版编目（CIP）数据

家乡文化家乡情：园本课程资源的开发与整合／徐赛赛主编．—杭州：浙江大学出版社，2008.5
ISBN 978-7-308-05985-5

Ⅰ.家… Ⅱ.徐… Ⅲ.学前教育—教学研究 Ⅳ.G612

中国版本图书馆 CIP 数据核字（2008）第 071776 号

《家乡文化家乡情》编委会成员名单

主　编　徐赛赛
副主编　姚晓静
编　委　孔晓平　全海帆　李　慧　胡　丹　柯哲华　温小芸
邵文贞　柯芙蓉　孙映丹　薛美美　蔡丽颖　应晓宁
林　婷　余　蓉　尹颖颖　应玮清　潘慧芳

家乡文化家乡情——园本课程资源的开发与整合

责任编辑　傅百荣
出版发行　浙江大学出版社
（杭州天目山路 148 号　邮政编码 310028）
（网址：http://www.zjupress.com）
（E-mail:zupress@mail.hz.zj.cn）
经　销　全国各地新华书店
设计制作　杭州林智广告有限公司
印　刷　浙江海虹彩色印务有限公司
开　本　889 × 1194　1/16
印　张　7.75
字　数　250 千
版　次　2008 年 5 月第 1 版　2008 年 5 月第 1 次印刷
书　号　ISBN 978-7-308-05985-5
定　价　32.00 元

有益的探索，有效的开发

——为《家乡文化家乡情》作序

怀着极浓厚的兴趣读完了瑞安市滨江幼儿园开发的《亲亲瑞安》园本课程。应该说，这是一个彰现地方特色、凝聚探索精神的成果，是一个成功的园本课程的范例。

瑞安是浙江东南沿海重要的现代工贸城市，也是著名的历史文化古城，自三国吴赤乌二年(公元239年)立县以来，已经有一千七百多年的历史，素有“理学名邦”，“东南小邹鲁”之美誉。改革开放以来，瑞安人民开发进取，敢为天下先，使瑞安变为国内经济市场化、民营化程度最高的城市之一，综合经济实力名列全国百强县的前列，县域经济基本竞争力在全国也名列前茅。这样一个高度凝聚着传统性与现实性、文化性与经济性的地域，为幼儿教育提供了无限广阔的时空。我想，这也正是《亲亲瑞安》得以诞生的社会、历史和文化的背景吧。综观课程的开发过程，我认为有很多经验值得总结。

首先，要充分认识本土文化与儿童的学习和发展的关系。

如果说民族文化是基因型，那么，本土文化（或称乡土文化）是民族文化的一种表现型。每一个儿童都生活在一个特定的家庭、特定的地域和特定的本土文化中。作为文化的传承者，本土文化对儿童有着挥之不去的影响。滨江幼儿园正是基于这样的认识，开发自己的《亲亲瑞安》园本课程的。该园确立了“以幼儿全面和谐发展为本，以开发本土资源为本”的指导思想。在实际操作中，这两个为本的关系如同经和纬的关系，也就是说，以幼儿的发展为经，以本土资源为纬。她们认识到，“以家乡的人、事、物来熏陶孩子，引发和培养幼儿的人文素质和热爱家乡的质朴情感，弘扬家乡传统文化；通过学习、尝试、探索、体验，丰富幼儿感性经验，促进幼儿全面、和谐、充分的发展。”例如，为了让孩子认识瑞安的土特产品，老师们组织了一系列的参观考察、游戏、信息交流和课堂活动等(舒丹)。在教室的区角中，专门开设了“民间游戏玩具区”，为孩子们进行各种民间游戏创造了条件，甚至细微到利用民间游戏跳格子(有些地方称为“造房子”)来让儿童认识数的系列等(柯芙蓉)。又如在端午节的主题中，幼儿园的老师们不仅在教室里布置了艾草、蒜头、菖蒲，还组织参观赛龙舟，更是进一步把家长请到教室里手把手地教小朋友包粽子，全方位地经历、感受和体会中国传统节日的丰富内涵（应晓宁）。实践证明，本土文化的元素在帮助幼儿学习和促进幼儿发展的各种活动中，具有不可替代的作用。

第二，正确处理本土文化的历史性与现实性的关系。

人们往往有一个习惯的思维方式：一提起本土文化就想到古迹、文物、历史故事，就想到土特产和民俗。当然，这些东西都是重要的本土文化的具体存在形式。但是，它们决不是本土文化的全部。本土文化不仅具有历史性、传统性、继承性和地域性，同样也具有现实性、发展性和创造性。我国社会改革开放以来涌现出来的许多新生事物，同样属于本土文化的范畴。滨江幼儿园的幼教工作者们非常清醒地认识到，她们今天开发《亲亲瑞安》的园本课程，不是为了把孩子们往后拉，让孩子们回到早已逝去的年代，而是要立足今天，面向明天。"倾心于孩子的今天，着眼于孩子的明天"就是她们的宗旨。她们不仅是这样说的，也是这样做的。《亲亲瑞安》里有一个主题活动是关于认识鞋子的活动，孩子们穿鞋子、玩鞋子、画鞋子、讲鞋子，还到瑞安著名的制鞋企业去参观鞋子的生产过程，在孩子们幼小的心灵中酿造着对家乡的改革开放的成就感和自豪感（柯芙蓉）。我认为，这是非常有价值的教育活动，其意义是极为深远的。

第三，本土文化的开发极大地拓展和充实了幼儿教育的领域。

我们都知道，幼儿园教育是基础教育的重要组成部分，具有启蒙性和奠基性，它并不等同于通常意义上的基础教育（中小学教育），更不是人们对之情感复杂的应试教育。对于生于斯长于斯的幼儿来说，本土文化是儿童亲近父母、亲近乡亲、亲近家乡的好教材，也是培养儿童热爱祖国、热爱人民、热爱民族的基本的、必要的内容。《亲亲瑞安》很好地处理了各个教育领域之间的关系。《幼儿园教育指导纲要》（试行）为幼儿园的教育内容指出，应从健康、语言、社会、科学和艺术五大领域促进幼儿情感、态度、能力、知识、技能等方面的发展。这里我着重讲一下关于社会和语言的问题。有不少幼教工作者反映幼儿园教育中的社会这一领域很难处理。究其原因，是对社会这一教育领域的内涵和外延没搞清楚。很多人把幼儿园的社会教育混同于心理学的儿童社会化的研究课题，大大削弱了社会教育的丰富性。《亲亲瑞安》课程组没有受到这种束缚，而是把眼界扩大到现实的和历史的时空中开发社会教育的内容，收到良好的效果，对我们如何理解社会教育作出了好示范。至于语言问题，主要涉及方言。我们知道，推广应用普通话是我国的国策，幼儿园必须提供普通话的语言环境，帮助幼儿熟悉、听懂并学说普通话。但这并不意味着在幼儿教育活动中不能使用方言。方言是本土文化的载体，方言本身就是本土文化，没有方言就没有本土文化。例如，地方戏剧就是方言的音乐化，没有方言就没有地方戏剧。在开发本土文化中，使用方言的童谣是一个不可弃舍的部分。因此，有限度地使用方言是不可避免的。这不仅不会造成对推广普通话的障碍，反而有利于幼儿的交际和理解。

华东师范大学
王振宇　教授／博士生导师
2007年10月

让儿童在乡土文化课程中浸润与发展

随着我国幼儿课程改革的不断推进，课程资源的开发与利用逐步引起了幼教工作者的重视与关注。幼儿园教师再也不仅仅是课程的消费者，在一定意义上讲他们已成为了课程的开发者与设计者。开发什么样的课程资源，从哪些方面入手，怎样使课程资源满足儿童的不同发展需要成了他们经常考虑的问题。瑞安滨江幼儿园的“家乡文化家乡情——幼儿园园本课程资源的开发和利用”即是在利用乡土课程资源开发方面的大胆尝试。

英国著名课程论专家劳顿（DLawton）曾从社会学的角度对课程作过界定：“课程在本质上是社会文化的一种选择。”可见课程与文化是密切相关的。文化是课程的母体，离开文化，课程将成为无源之水、无本之木。同时，课程又是文化得以传播与发展的重要手段。课程从其产生之日起，就承担着继承、传递、传播文化的任务。在当今社会全球化、多元化文化发展的浪潮下，面对外来文化和商业文化的冲击，年幼的儿童也越来越多地被一些外来的文化所影响，如喜欢过“洋节日”，喜欢吃肯德基、麦当劳等，而对我们自己乡土的文化有所忽略，有所淡漠，这不能不让我们产生一种忧思。

什么是文化，什么又是乡土文化呢？笔者比较认同英国著名人类文化学家泰勒对文化的理解：“文化或文明就其广义的民族意义来讲，是一复合整体，包括知识、信仰、艺术、道德、法律、习俗以及作为一个社会成员的人所习得的其他一切能力和习惯。”乡土文化是文化的一个重要组成部分，是在民族传统文化的基础上形成的、在某一地域范围内所具有的、带有浓烈地方气息的文化，如乡土地理、民风习俗、民间艺术、乡土特产、当地生产和生活经验等。这些乡土文化经过一代又一代人的传承与发展，积淀了丰富的文化底蕴，已成为我国传统文化的一个重要组成部分，对儿童个体及群体的发展都有重要的价值。卡西尔认为，人与动物的根本区别在于人有文化而动物没有。“文化是人的本质。文化既是人所创造的，又反过来决定人，建构人，创造人。”（彭刚，学校文化与课程文化，http://www.mixiao.com/aspx/detailm.asp?id=15982）课程即是文化与人的发展的中介之一。

课程资源是与乡土文化分不开的。充分发挥各种课程资源在课程育人中的作用也是当今课程改革的一个重要取向。《基础教育课程改革纲要（试行）》在“教材开发与管理”方面明确指出：“积极开发并合理利用校内外各种课程资源。”《幼儿园教育指导纲要（试行）》也一再强调幼儿园教育要与家庭、社区密切合作，实现多方位、立体式的开放，广泛利用园内外各种教育资源，共同为儿童的发展创造良好的条件。滨江幼儿园所在的瑞安，素有“东南小邹鲁”之称，是浙南重镇，有着历史悠久的人文景观，浓郁特色的民风习俗，风味独特的乡土特产，抑扬动听的本土童谣，趣味多样的民间艺术，还有敢为人先的温州精神等等，蕴涵着博大精深的文化传统和丰富的教育资源，为他们开发幼儿园园本课程资源提供了坚实的支撑。

瑞安滨江幼儿园的幼教同仁在认识到乡土文化的丰厚教育价值的基础上，通过挖掘、整理、归类、筛选、开发等程序，把乡土课程资源分为了六大类——民俗风情、乡土特产、名人逸事、名胜古迹、民间艺术、本土经济，构建了既贴近儿童生活、容易被儿童理解和接受，又具有一定时代性、地域性、发展性的特定的乡土课程体系。确立了乡土课程的目标、内容，制订了课程的组织方式与评价方法，在幼儿园乡土课程的开发方面迈出了可喜的一步。笔者曾几次参与过他们的课程活动，在活动中也亲眼见证了儿童在乡土文化课程的浸润中的感人场景。“燕儿、燕儿，飞过殿儿。殿门关，飞过山……”“点脚雷盘，盘到南山，七星北斗，多星牛牛……”抑扬顿挫、字正腔圆、一板一眼的瑞安鼓词；孩子用自己稚嫩的小手揉、捏、刻出的富有童趣的米塑作品；感受、体验“曹村灯会”回来后孩子们对曹村老人制作精美灯笼手艺的佩服及溢于言表的向往；参观“玉海楼”后孩子们油然而生的“我是瑞安人真骄傲”的情感流露等等……孩子们的童心在乡土文化中不断地浸润，孩子们也在乡土文化的课程中不断地发展。

在课程的开发中，我也不断地感受到瑞安滨江幼儿园教师的成长。他们从开始时的激动、困惑，到后来的团体讨论、与专家的对话及至自我反思。我看到了这些年轻教师对自己工作的热爱，也看到了他们点点滴滴的进步。就如一位教师在活动后的反思中所言：“一学期的课题活动实施下来，我收获很多，有启示也有困惑。我完全可以将我这学期做过的活动，编写成小班米塑活动案例，这样既是对自己工作的一个归纳总结，也可以作为其他老师以后开展类似活动的一种借鉴。而我的困惑是：(1) 活动课中材料投放的逼真度怎么把握；(2) 老师技能的学习如何跟进，老师是否要进行这方面的专业学习，掌握更多的技能方法。”在课程资源的开发中教师有了困惑，有了问题，在课程资源的开发中，教师学会了思考，学会了解决问题，也因此教师获得了长足的发展。

当然，以乡土文化为基点的园本课程资源的开发中还存在诸多的问题，如内容筛选标准的确立，课程实施中的方式方法选择，儿童在课程中对乡土文化的感受、体验，课程对儿童美好情感的陶冶，课程体系的不断完善等都是在下一阶段需要继续关注的。相信通过下一阶段的实践，瑞安滨江幼儿园的园本课程资源会更加丰富与完善，它在儿童发展中所起的作用也将越来越明显。

我为瑞安滨江幼儿园教师的工作精神所感动，也为教师的专业成长而欣慰！

浙江师范大学杭州幼儿师范学院

王春燕　教授＼博士

2007年10月

目录

积淀理念　彰显文化

期待走进　问题实践

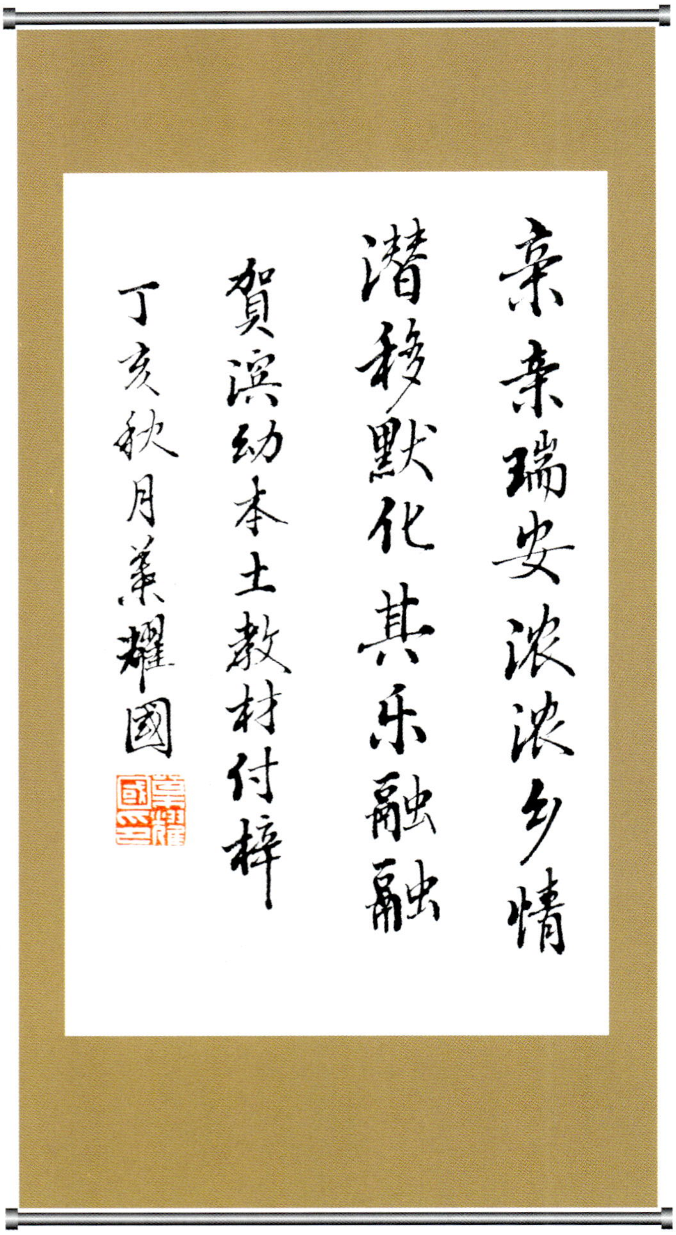
亲亲瑞安浓浓乡情
潜移默化其乐融融
賀濱幼本土教材付梓
丁亥秋月葉耀國

民间文化
源远流长
丁亥年秋月
白一帆

积淀理念
彰显文化

本土文化在老师笔下得到诠释和演绎，在老师们的字里行间，充满着他们丰富的教育理想和科研智慧，活跃着他们生命的热情和探索的冲动，积淀着他们真诚的情感和深沉的思考，这是我们感到最充实、最珍视的财富，让我们的老师与你娓娓道来……

捕捉课题实施中的每一次感动

徐赛赛

此书记录了我们幼儿园两年间走过的不平常路程,记录了教师的教育观念所发生的巨大而深刻的变化;记录了作为一个园长,在领导这场改革中的坚强意志、执着追求和切身感受;也记录了一个高质量的教育活动在研究中产生的过程。

2006年度,温州市职称评审活动中的现场教学展示的课题之一——家乡的土特产,众多教师面对此题不知所措,发出惊叫:这是最难以设计的教学活动之一。从这一事件中引发了我们的思考:家乡的本土文化在我们心目中到底还有多重的分量,我们对它了解多少,应该如何实施教学……这些活动也恰恰说明我们的乡土文化正在与我们的心灵、躯壳逐渐脱离。一位知名专家提出,基础教育的发展应承担的不可替代的文化使命,主要体现两大方面:一是融汇古今,二是兼通中外。即传承本民族的优秀文化,加强国际教育和培养文化意识。

要想站得足够高,不仅要有“伟岸的身躯”,而且还要能坚守“脚下的土地”。据了解,我们的家乡——瑞安,有着丰厚的文化底蕴。瑞安的民间文学、音乐、舞蹈、传统戏剧、曲艺、美术、传统手工技艺、民俗等是具有独特价值的民间传统文化,其中民间舞蹈《藤牌舞》、传统手工技艺——瑞安木活字印刷术,被评为我省第二批非物质文化遗产,是值得世代传承的乡土文化。

在幼儿教育实践中渗透乡土文化元素不仅是乡土文化传承的要求,也有利于幼儿对乡土文化的吸收与理解。同时,乡土文化具有素材丰富、涵盖面广等诸多优势,为幼儿园的教育提供了丰富的资源。我园实施的省立项课题“亲亲瑞安——本土课程资源开发与整合”,将本土文化资源分解为六大类:本土民间文化、本土民间艺术、本土人文逸事、本土民俗风情、本土特产和本土经济。通过对这些内容进行筛选、整合、培育和输送,确立了三大目标:

1. 为孩子营造一个充满人文色彩,洋溢浓浓乡情的成长环境,使幼儿了解、感受、体会乡土文化,并萌发幼儿浓厚的乡情。

2. 培养教师自主改善教学的能力，激发教师投身教学研究的热情，促进教师的专业化成长。

3. 挖掘和积累乡土优秀文化，促进幼儿全面发展。以最贴近的距离、最生活化的方式开展具有乡土特色的系列活动，孩子朗读童谣、唱唱鼓词、品尝家乡特产、游览名胜古迹、亲历乡俗风情、参观荣光集团和商城集团，使他们对瑞安的独特文化有进一步了解，从而对瑞安的繁荣激动不已，感受到家乡的魅力，感悟到家乡文化的博大精深，体验着他们从来未体验过的家乡荣誉感。

一、碰撞—共识—发展的感动

教师的课题实施劳动是一种不同于一般劳动的、创造性的劳动。它没有一成不变的模式可供选择，需要教师本人忘我的奉献、崇高的品德、高度的智慧和非凡的才能。

苏霍姆林斯基说：“如果校长想让教师的劳动能够给教师一些乐趣，使天天上课不致于变成一种单调乏味的义务，那你应当引导每一位教师走上从事研究的这条幸福的道路上来。”华师大叶澜教授在论述新世纪教师的素质时认为，科研能力是高质量的教育和教师自身专业能力不断发展的必要条件。

基于以上的充分认识，也促使我决定带领全园教师进行课题研究。“好风凭借力，绿叶扶红花”，为确保课题取得辉煌的业绩，统一思想、一致目标是非常重要的。我们确立了“以学促研，以课题为载体”的工作思路，并建立和完善了科研管理制度和各级课题的激励机制，进行了课题量化考核，启动了周一课题活动日。这一系列措施触动了教师的工作习惯，课题研究出现了困惑、迷茫，教师思想包袱沉重、对课题的艰难前景消极等待、期望避开，甚至张皇失措。确实，课题的实施要求深刻而强烈地冲击着教师们的教育观念、教育方式和教育行为，这种变革是掺杂着痛苦的。“地上所有的绊脚石都是我的垫脚石”，本着这样的信念，我与教师们一起分析问题，走出思想上的困惑。老师们渐渐地感悟到：讨厌它就会成为负担，而喜欢它便会成为一种动力，一种鞭策自己不断向前的动力，将繁重的教研任务转变为甜蜜的“负担”。

“不经历风浪不成才，响鼓需用重锤敲。”老师们对困难和挑战在理念上已有所接受。教师们潜心研究，与自己参与的团队一起，团结协作，孜孜不倦，开拓前进。虽然对课题的理解有快慢之分，实施水平的参差不齐，但整体的主流思想已经转变过来，这种转变得来不易，焕发着教师自主参与课题研究的热忱。

二、学习—互动—提升的感动

我们为了增强研究意识，制定了两份学习蓝图："终身学习，理论为先"和"在有意义的实践中学习，读好书，成为智慧人。"有了结实的落脚点，使课题有了落实的一面，我认真地帮助解读课题精神和内容，当场回答老师的问题，并进行多次专题探讨，提出让老师思考实施的具体活动方案。方案的确立应包括3个基本阶段：

1. 确立主题，形成方案。在确立主题和形成方案阶段，作为执教教师要进行充分的思考和论证，分析活动的需要、发展目标和教育价值，确立活动的基本过程与关键教育策略，最后形成方案。

2. 研究小组对这个方案分享、交流与质疑，在集体研究中进行修改和完善，经几次反复后方案进入实践。

3. 案例撰写是方案研究的最后一步，对活动前的准备、活动的过程、活动分析等几个部分阐述，最后形成比较完善的案例。

结合反思研讨专题活动，我们立下一项不成文的规定：课题研究人人都必须参加，每一次研讨活动人人都必须发表见解。只要说出自己的感受或一个小点子，找出一个小问题，提出一个改进办法就行。我们围绕主题多次开展观摩研讨活动，如"夸瑞安"、"南山索面"、"搬家喜洋洋"等。在平时的工作中我们鼓励教师积极反思，大胆实践，勇于创新，于是一个个生动有趣的活动方案在老师们深思熟虑中脱颖而出，研究中谈到的问题在老师苦思冥想中得到解决。用教师的话说：为了设计一个活动，解决一个问题，我们是走路想，开车想，吃饭想，睡觉想，甚至洗澡刷牙都在想。

教师的科研智慧不是通过系统的学习或长期的经验积累就可以自然而然地产生出来的，而是要不断地反思自己所学、所看、所知并逐渐地加以积累，通过归纳、整合得以磨砺和提升。我们尝试了六大提升策略。

1）创设平台——在专家讲座中加深认识。搭建多个平台，帮助教师树立新型的价值观、教育观、科研观，聘请王春燕等专家来园讲学，聆听专家们的教诲，从专家解答中不断解决实践中的问题，打造了内涵发展之路，加强了教师间信息交流和经验分享。

2）集体研修——在思维激荡中深度思考。课题强调以课例、活动为载体，以行动研究为途径。在合作研究中，推行集体备课、答辩中使教师真正进入深度思考，充分发挥集体智慧，定时间，定地点，定内容，定指导把关人，共同去剖析，去反思，去修正，寻找可操作的活动流程。从而形成让课题研究有效解决教学问题，让教学问题不断促进课题研究的良性循环。

3）**主题研究**——在自我剖析中不断超越。课题强调实践性，看重构建课程资源的开发，教学方法和策略。在研究过程中做到发现问题—进行研究—活动实践—回顾反思—撰写论文。

4）**多元参与**——完善评价体系。提出了“三层六度”的基本评价体系，即资源层面的整合度、全面度，教师层面的挖掘度、创新度，师幼互动层面的鲜活度、拓展性。以此为基础，完善了教学评价体系，兼顾了全面性原则、发展性原则、开拓性原则和可操作性原则。

5）**参观考察**——考察知名幼儿园科研经验。在参观的过程中发现，在发现中交流，在交流中启发，使每一次反思都有创新和提升，从而拓宽了视野。

6）**个人展示**——在论坛策划中提升能力，积极推行“分享和提升”的理念。论坛与展示既是教师成长的有效途径，也是必由之路。

三、接触—感悟—思考的感动

本课题得到王春燕教授的共同合作，我们把精心设计的研究方案交给专家，就方案中一些细节问题坦诚地进行了磋商和交流。专家平易近人和严谨的研究作风在接下来两年多的研究历程中更让我们感动，也让我们大胆地踏进了科研之门。王教授的支持、引领和鼓励，让我们充满自信地投入研究，实现了我园的科研兴园之梦。

通过课题研究，老师们在迈向专业化的道路上所走出的距离和付出的艰辛远远超出了他们的想象。所有的研究意识和真诚互动的程度也超出了他们的想象，老师们受到的震动是发生在心灵深处的，老师们所获得的收获是发生在思想深层的。他们获得了改革的种子，获得了奋进的动力，更获得了对工作的信心。

通过课题研究，教师的角色意识、教学行为、课程观念、专业知识结构和幼儿的学习方式发生了很大的改变，教师逐渐成为教学、活动的组织者、合作者。教学过程成为教师引导学生建构知识、自主合作、主动探索。幼儿得到了全方位的发展，教师的教学视野、知识品位、科研能力、专业化水平也得到了很大的提高。在研究中，教师的激情和魅力得到了充分展示。部分教师已经形成了自己独特的意识和教学风格。一支观念新、水平高、专业化教师队伍正在形成，幼儿园整体工作也得到了有效的推动。

结束语

1. 课题研究越来越向着改进幼儿园日常教学，提高教师专业能力的方向发展，幼儿教师也逐渐由课题研究的边缘人变成了中心人，由课题研究的资料提供者变成了课题研究的主人。这样一个发展变化的方向是对的，也是我们教师所需要、期望和追求的。但要平衡以下关系：

专业引领不够——他们会茫然；

专业成长支持的力度太小——他们会无助；

期望太高——会变成压力，导致疲惫不堪。

2. 课题研究能帮助我们走向一条自主专业成长之路，课题研究能使我们的教学越来越专业化，我们只要持着好奇、进取、乐观、向上、坚持的心，就能容忍一时的停顿、迷茫和偏激，学会在不断确定中把握前进的方向，给自己一点时间，学会等待，适度放慢脚步，认真地工作，从容地研究。

瑞安文化瑞安情

——让孩子在瑞安文化的课程中浸润与发展

徐赛赛

一、 走进瑞安，蓄势待发

我园老师曾问过孩子，小朋友：你们知道家乡的土特产有什么吗？他们回答的是：巧克力、肯德基；老师又问：小朋友们你们知道家乡名人有谁吗？他们说出来的是：奥特曼、葫芦娃、黑猫警长。当今的孩子对家乡文化了解甚少，甚至不会说地方方言，导致民间文化逐渐流失，这不得不引起我们的深思。继承、弘扬民族文化将是我们教育者责无旁贷的任务与天职。

瑞安是一座具有深厚文化底蕴的千年古县，是“朴学大师”孙诒让的故乡，其中的玉海楼是浙江四大著名藏书楼之一。瑞安的东源木活字印刷术有800多年历史，堪称世界印刷术的活化石；瑞安的民间艺术，如瑞安鼓词、藤牌舞入选2007年全国浙江省首批非物质文化遗产目录。过去有句话叫：“走遍天下不如瑞安的莘塍塘下。”瑞安还是我们浙南经济发展重要之镇，素有“理学名班”、“东南小邹鲁”之美誉。

它使我们产生一种想法：将瑞安丰富、博大的民间文化资源纳入幼儿园课程，将是意义深远！

二、 亲亲瑞安，厚积薄发

1. 首先我们对瑞安民间文化进行了解读和吸收，同时确立了“以幼儿全面和谐发展为本、以开发整合本土资源为本”为园本课程开发的指导思想。构建了瑞安文化课程资源，如下图所示，经过我们反复的研讨、斟酌、整合，把它分化为这六大内容，又进行了认真的筛选，选择了精髓、恰当和价值性的内容作为课程资源。

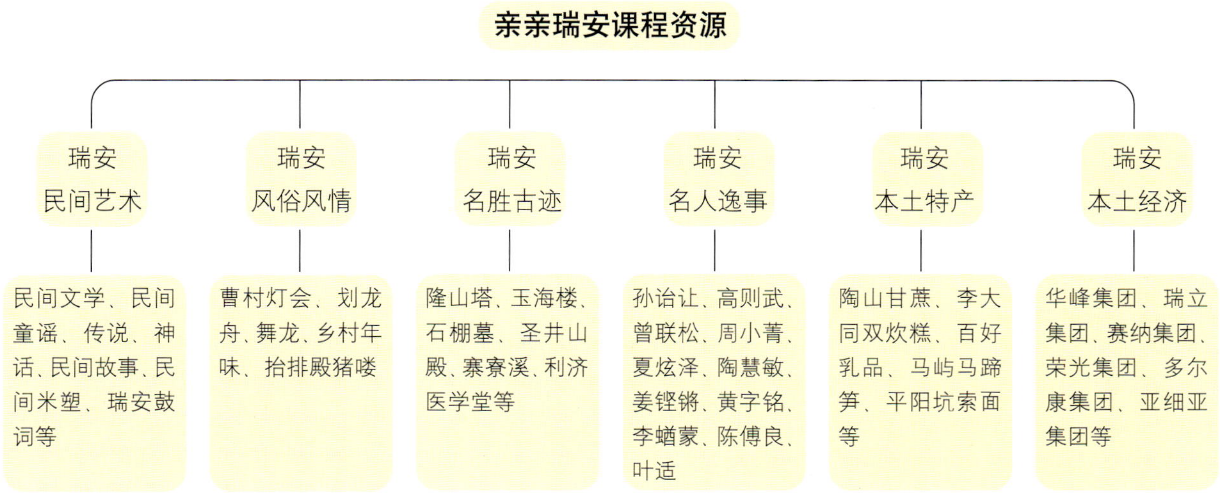

三、研发瑞安，遍地新芽

研发瑞安我们作为中心环节，在研究开发中我们关注以下几个问题：

- 瑞安民间文化课程内容对幼儿来说有兴趣吗？
- 瑞安民间文化课程实施方法手段适宜吗？
- 瑞安文化课程能激起推进孩子探索深入的欲望吗？
- 瑞安精神能在孩子的心田中生根发芽吗？
- 瑞安民间文化能充分发扬光大吗？

带着以上问题，我们进行了系统性的开发和实施，在实践中见证了孩子在瑞安文化课程中的浸润与发展的感人场景，归纳提炼为三点经验，与大家分享。

1. 以“幼儿发展”为“经”，以“瑞安本土资源”为“纬”，“经”“纬”贯通，构建既贴近儿童生活，容易被理解和接受，又具有一定时代性、地域性、发展性的特定的课程体系。

(1) 让孩子互动环境有效对话，感悟喜爱瑞安民间的丰富文化。

我们树立了大环境的教育观念，营造了浓厚的校园民间文化，让幼儿与环境进行亲密接触，有效对话。在幼儿园门厅的内廊开设了专题民间文化版块，瑞安本土特产街，悬挂了瑞安名胜古迹的照片及文字说明；在楼道的墙壁上，张贴着丰富多彩的民俗制作品，还利用角角落落开设了“童谣大舞台”、“多彩的米塑”等表演操作区，我们的活动室更是丰富多彩。

小朋友们也积极的参与环境创设，开辟了一块“我的新发现”， 幼儿可以在这里将自己的新发现呈现给同伴，与大家交流、分享、共建，孩子们收集、制作的“我的小板报”极具特色，得到众多家长的大力帮助，大人与孩子共同制作了瑞安的名胜古迹——“玉海楼”、“隆山塔”模型，孩子们与它进行亲密的接触、有效的对话。同时，我们还重视社会、大自然环境的利用。我们带着孩子踏入大自然，走进民间作坊。这一系列丰富的教育环境创设，使孩子们对瑞安的民间文化有了大概的印象和初步的了解，蒙蒙胧胧产生了一种对家乡文化的喜爱。

(2) 让孩子互动课程，多角度、多视觉的亲历获悉民间文化。

根据开发的六大方面的内容，构建相应的操作指导目标，并设置了系列的详细活动方案。(如下表所示)

2. 以“孩子的今天”为经，以“孩子的明天”为纬。“经”“纬”融合，积极挖掘，优中创新。

我们清醒的认识到，开发瑞安民间文化课程，不是为了把孩子们往后拉，让孩子们回到早已逝去的年代。而是要立足今天，面向明天，在传承开发瑞安文化的过程中大胆地进行开拓和创新。

(1) 让孩子尽情体验古今特色，深刻感悟家乡文化的魅力。

“趣味盎然”的民间艺术	1. 通过亲历、感受、欣赏丰富多彩的民间艺术，体验艺术的精美和独特。 2. 能够大胆积极地进行表现表征，体验成就感。 3. 萌发热爱民间艺术的情感。
“赫赫有名”的名人轶事	1. 让幼儿了解、获悉发现瑞安及身边的名人和名人的事迹。 2. 学习身边名人认真、不怕困难、勇敢、作出卓越贡献的良好品质。 3. 增进幼儿对家乡名人的荣誉感与骄傲感。 4. 萌发孩子争当“小名人”的进取精神。
“浓郁特色”的民俗风情	1. 了解家乡独特的风俗活动。 2. 感受家乡风俗欢乐、祥和的气氛，产生对此的挚爱和向往。 3. 培养幼儿以自我特有方式表达表现对家乡风俗的理解和感受的积极欲望。
“风味独特”的本土特产	1. 尝一尝，尝出土特产的味道。 2. 看一看，看看土特产的生长地方。 3. 动一动，动手一起来制作。 4. 说一说，说出自己对家乡土特产的情。
“欣欣向荣”的本土经济	1. 通过收集、参观、交流、探索等形式走进瑞安经济，初步了解瑞安国字号特色经济产业，激发幼儿身为瑞安人的自豪感。 2. 感受积极日新月异的发展给家乡建设及人们的生活带来的变化，激发幼儿从小努力学习，长大为家长经济建设做贡献的美好愿望。

● 各模块活动方案略

在民间艺术活动中的童谣教学，我们整理出了大量的民间童谣让孩子学童谣、玩童谣，互相结伴乐童谣，并创编了多首童谣，如:《夸瑞安》等。

在民俗风情活动中，为了让孩子感受浓郁特色的“曹村灯会”，让孩子参观了曹村灯会盛况，多次拜访老艺人，小朋友亲历了老艺人制作花灯的高超技艺和漂亮的花灯，表示由衷的敬佩和喜爱。开展了别开生面的“亲子制作花灯比赛”，举行灯展、猜灯谜等活动。孩子们对曹村灯会有了深刻的印象，同时生成了对民俗活动的向往和憧憬。

瑞安有丰富的美味特产，如：李大同的双吹糕、马屿的马蹄笋、陶山的甘蔗等，但是孩子们对南山的索面几乎不了解，南山村是手工制作索面的专业村，已传承三百多年，远销多个国家，遇到老人做寿、生孩子都送索面，以祝健康长寿，分享喜悦。为了让孩子全面感受索面这一瑞安特产，便带幼儿走进了索面村，让孩子亲自体验揉面—拉面—剥面—晒面等四道制作索面的方法。

同时我们还把民间艺术瑰宝——瑞安鼓词引进教学，它是用瑞安方言演唱，是浙南地区著名的曲种，有深厚的地方色彩和独特的艺术风格，对于幼儿来说有点难度。于是，我们请来了瑞安文化馆的胡平老师做指导，选择适合幼儿儿歌、谜语等内容，创编成儿童鼓词小曲目；发动幼儿及家长一起来收集鼓词的各类资料与图片，请家长利用节假日去西山、文化公园等地方与鼓词亲密接触。通过这些措施与活动，幼儿初步感受到了鼓词的氛围，从中初步了解鼓词这一民间艺术。

（2）为孩子创设多彩平台，鼎力传播瑞安文化，宏扬瑞安文化。

2007年元旦，在瑞安玉海广场成功举行了“亲亲瑞安、浓浓乡情”独具家乡文化的大型专题活动，创设了多个区域，有艺术展示区、孩子们表演了歌谣《月光光》、快板秀《燕儿》、时装秀《隆山塔》等精彩节目；设有米塑技艺现场表演区，演唱鼓词区；还设置了“瑞安特色角”区域，分别有“小米塑，大魅力”、“江南小镇，寻我特产”、“民间游戏、童心飞扬”、“唱童谣、忆童年”、“情牵瑞安、游历名胜”五个小区域。

3. 为幼儿教育提供了广阔的时空，开发了幼儿园本土园本课程。

瑞安民间文化的开发确实为我们幼儿教育提供了广阔的时空，老师们在实践活动中也积累的丰富的经验，主编了系列教材：《我和小米塑》、《童谣助我快乐成长》、《我唱鼓词你来听》、《湖光山色入眼来》、《瑞安经济顶呱呱》，这些都凝练了老师们多年教学实践的心血，也凝聚着老师们的真知灼见。

目前，我们最为欣慰的是我们把自己所做的一切进行了梳理、总结、提升，撰写了幼儿园的专著——《家乡文化家乡情》，这是一本彰显地方特色，凝聚探索精神的成果，是园本课程的范例。它记录了我们幼儿园开展“瑞安民间文化”课程教育的不平常路程和亲身感受，记录了瑞安民间文化的数个活动案例。

真正的感悟是：

- 童心在瑞安独有文化中不断浸润。
- 孩子们也在瑞安文化的课程中不断地发展。
- 瑞安文化中各种元素在帮助幼儿学习和促进幼儿发展具有不可替代的作用。

园本课程开发与实施的探索

徐赛赛　姚晓静

在课程多元化的今天，幼儿园的课程也呈现多样性模式，与中小学不同的是，幼儿园无硬性规定的统一教材，也无统一的教学大纲。如何构建具有本土、本园特色的课程资源体系，是摆在各幼儿园目前的重要课题。《世界全民教育宣言》提出：教育的内容、材料并非新的、城市化的、洋的才是好的，要让当地的民间游戏、歌谣、手工艺等成为重要的教育内容和材料。《幼儿园教育指导纲要（试行）》也指出："从本园实际出发，结合幼儿的实际情况，制定切实可行的工作计划并灵活地执行。""充分利用自然环境和社区的教育资源，拓宽幼儿生活和学习的空间。"

我园经过几年的探索和实践，在充分挖掘瑞安本土特色资源的基础上，根据幼儿年龄特点，开发出"亲亲瑞安"园本课程。并通过组织实施、反复修改完善，已形成一套切实可行的"亲亲瑞安"园本课程及操作模式。

一、对"亲亲瑞安"园本课程开发的认识

（一）确立"以幼儿全面和谐发展为本、以开发整合本土资源为本"为园本课程开发的指导思想

我园确立了"以幼儿全面和谐发展为本、以开发整合本土资源为本"为园本课程开发的指导思想，明确本土资源是园本课程的基础，是培养幼儿全面素质的重要教育内容，也是幼儿园环境中十分重要的社区资源。幼儿园园本课程开发的本土化应立足幼儿园的实际，强调从幼儿生活出发，关注幼儿年龄特点，使幼儿园园本课程更有效地发挥整体育人功能，并形成本园的办园特色。

（二）以瑞安本土课程资源的开发利用来完善幼儿园现有课程功能

过去我园的幼儿园课程几乎没有涉及地方上代表性的内容，课程内容实施局限，缺乏幼儿自主体验、感受和自我建构。如瑞安的飞云江大桥，是当地有名的桥梁，横贯飞云江，扼浙闽要津。而省编教材内容不贴近儿童生活，造成了本土教育资源的缺失。在教学中，我们整合飞云江大桥各种资源，让幼儿进行现场感知、认识，拓展延伸，挖掘出深厚的教育潜能。因此，我园开发具有本土特色的课程资源，共同构建了一个鲜活性、独特性的具有操作性强、实用性强的课程体系，完善了幼儿课程功能。

二、"亲亲瑞安"园本课程资源的开发

（一）园本课程资源开发的目的

以家乡的人、事、物来熏陶孩子，感受家乡——瑞安地方的无穷魅力，引发和培养幼儿人文素质和热爱家乡的质朴情感，弘扬家乡传统文化；通过学习、尝试、探索、体验丰富幼儿感性经验，促进幼儿全面、和谐、充分的发展；创建教师专业发展平台，并引领教师走向课程建设与改革的前

沿，形成研究型教师群体，促进教师专业化发展；构建家庭、社区、幼儿园三位一体同步互动的教育合力；形成具有浓郁本园特色且行之有效的课程体系。

（二）园本课程资源开发的原则

我园园本课程资源立足于积极传播本土的优秀文化，体现时代性、民族性和地域性，最终把合理、科学的本土文化反映在园本课程体系中。为此，在园本课程资源的开发实践中，我们遵循的原则如下：

本土性：根据本土文化特点，充分挖掘本土丰富教育资源。

兴趣性：立足于幼儿年龄特点、身心发展规律特性，从幼儿感兴趣的角度去开发，在自觉而积极主动中获得理解与感悟。

生活性：贴近生活、走进生活，从幼儿身边的本土教育入手激发幼儿探索的欲望。

活动性：促进互动，积极自我构建，学会发现问题、认识问题和学会自主学习。

发展性：着眼于未来，有利于幼儿长远发展和持续发展，为健全的人格发展打下基础。

在此原则的指导下，我们积极展开了搜集本土资源活动。

（三）园本课程资源的整合

课程资源建设是园本课程开发的基础，我们在本土教育资源搜集的基础上进行了筛选，在筛选的基础上再进行分类、编排。

1. 筛选：通过广泛的搜集，有目的、分层分类地选取最适宜幼儿学习的课程资源。

2. 分类：在筛选的基础上，我们将丰厚的园本课程资源分为六大类，如图 1–1 所示。

课程资源	名人逸事	孙诒让、高则武、曾联松、周小菁、夏宣泽、陶慧敏等
	名胜古迹	隆山塔、玉海楼、石棚墓、圣井山殿、寨寮溪等
	本土特产	陶山甘蔗、李大同双炊糕、百好乳品等
	民俗风情	曹村灯会、舞龙、乡村年味、村抬排殿喽
	本土经济	华峰集团、瑞安商城、赛纳集团、马屿眼镜等
	民间艺术	民间文学、民间童谣、传说、神话、民间故事等

图 1–1

3. 编排：我们根据六大课程资源，再从幼儿的实际出发，选择具有时代特色，符合园本课程目标，适合幼儿学习，既能展示本土人文精神又能突出本土特征的内容，形成了与此相关的园本课程体系：“家乡的鞋”、“亲亲瑞安商城”、“瑞安名人孙怡让”、“可爱的米塑”、“索面长长”、“家乡美味马蹄笋”、“好玩的民间游戏”等几十个主题活动。

（四）园本课程组织实施的策略

1. 管理系统化

园长亲自挂帅，负责寻找理论依据，作理性的阐述和经验的归纳等。副园长负责课程目标的制定和内容的编制。教师参加活动内容的设计。强势组合人员配置为保证课程建设的质量奠定了基础，其具体如图1–2所示。

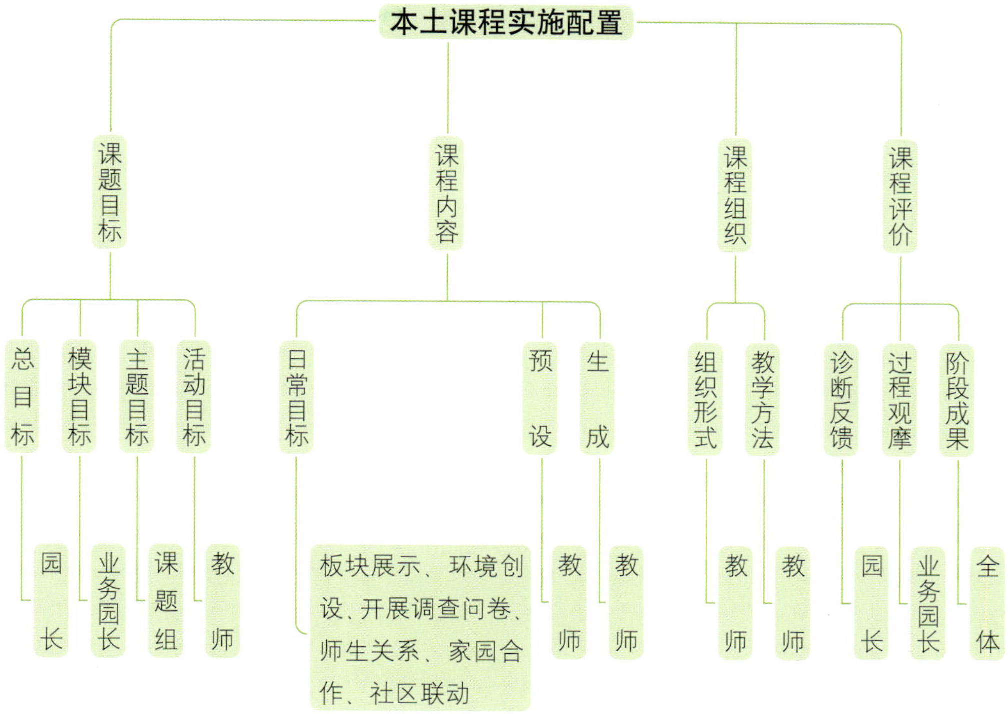

图1—2

2. 教育整合化

整合化是指在进行园本课程教育活动时，要以有机整合的教育方式统整瑞安的课程教育资源，发挥园本课程的整合功能，实现园本课程资源开发的目标。我们把瑞安本土特产、名人逸事、民间艺术、民间文学等组合在一起，在各教学领域相互渗透，使幼儿充分表现、欣赏与分享。如“本土特产”系列活动（见表1—1）。从表1—1可以看出，园本课程资源的利用中将主题系列活动、幼儿学习的内容以及对幼儿培养的目标整合实施。

3. 内容生活化

“亲亲瑞安”园本课程生活化就是要把富有教育价值的本土生活内容纳入园本课程领域，加强本土文化教育与生活的联系，选择贴近幼儿生活的内容，以帮助幼儿更好地组织他们的生活经验，获得和谐发展。

4. 活动游戏化

我们将游戏和教学融合起来，从游戏中延伸教学，从教学中产生游戏，让教学内容为游戏的开展提供更多的知识和经验，并真正通过游戏形式展示教学的内容。

5. 环境本土化

我们积极创建本土化教育环境，让幼儿在环境中感受本土文化。如在“本土经济”园本课程实施活动中，活动室的墙画粘贴着相关本土特色产品的图片资料、幼儿自己动手收集制作的小板报、活动照片等。

表 1-1 "本土特产"系列活动

内容＼方法	高楼杨梅	陶山甘蔗	马蹄笋	李大同	清明早茶	南山索面
观察了解认识	观察杨梅树	观察甘蔗	观察马蹄笋	知道李大同店是瑞安的老字号	了解茶文化	认识索面
课堂教学：（主题活动）	《认识杨梅》 《品尝杨梅》 《高楼杨梅节》 绘画《杨梅》	《认识甘蔗》 《甘蔗的种类与作用》 绘画《我吃甘蔗时……》 民间传说《陶山甘蔗为什么甜又松》	《春天的马蹄笋》 故事《笋芽儿》 绘画《马蹄笋》 好吃的马蹄笋	《李大同——瑞安的老字号》 《李大同爷爷》 《制作双炊糕》 《我去买糕点》美术 《未来的李大同糕点》	《茶文化》 《采茶舞曲》 《煮茶叶蛋》 《茶叶的聚会》 《品茶－功夫茶》 《快乐亲子茶》	《南山索面》 《索面知识竞赛》 《索面与瑞安风俗》 音乐《索面长长》 美工《索面马拉松》
实物、图片展览	陈列：新鲜杨梅、杨梅制品、杨梅烧酒	甘蔗的作用、制糖过程图片和糖的制作过程电脑软件	制作图展：各种类型的马蹄笋图片 陈列：新鲜马蹄笋、笋制品	展示李大同店的照片以及店里的各种糕点	展览有关介绍茶的图片、杂志等，摆放各种茶叶	陈列：新鲜索面 展览有关介绍索面的图片
游戏实践	观察果农卖杨梅	参观甘蔗种植园地	建筑游戏：利用马蹄笋拼搭隆山塔	参观李大同糕点制作工厂	去茶园采茶	亲自制作索面 "索面长长"摄影活动
其他活动	亲子活动："摘杨梅"	让幼儿考考父母及认识的人，有关甘蔗的知识	亲子活动："我们一起挖马蹄笋"	和家长一起到李大同店里购买糕点	请家长与幼儿一起收集跟茶有关的各种食品。	让幼儿考考父母及认识的人，有关索面的知识

6. 家园协同化

（五）我园本土课程资源开发中，教师成长迅速

1. 教师在反思中提高

在我园本土课程开发前，教师走不出自己的思维和经验模式，组织形式单一，自我调整能力弱。经集体备课研讨，不断修改，分析反馈，逐渐使老师认识到自我的弱点，从而提高反思能力，调整思维方式，站在幼儿的角度思考教学过程。

2. 教师在研究中成长

以往教师认为惯常的做法和已有的经验完全可以迎接来自教学与孩子的挑战，需要做的只是将孩子纳入教学和常规，将知识在单位时间内传递给学生。但是，随着本土课程资源的开发，特别是在组织实施中，教师们不断发现很多新矛盾、新问题、新情况，并感到空前无助和茫然。通过经常思考、认真整合、精心设计，把自己置身于研究之中，把活动作为研究现场，在现场问题中寻求答案，重新认识了教学的组合和实施方式，提高了研究能力。

3. 教师在锤炼中升华

园本课程的构建实施是教育创新的开展。在这过程中教师感到焦虑、困惑，感到能力缺失的恐慌。随着园本课程构建实施不断深入，渐渐使焦虑转变为进取动力，迈出了探索的步伐，在研究和实践中增强了自身的心理素质，在反复的自我锤炼中增进了面对问题的勇气和解决能力，提升了教育智慧。

在本土中建构，在特色中发展

——本土课程的组织实施策略

徐赛赛　姚晓静　全海帆

著名教育家马斯基说过：教育必须反映本民族、本地方的特色、精神、传统和特点。《幼儿园教育指导纲要（试行）》指出：教育活动内容和选择应体现既贴近幼儿的生活，选择幼儿感兴趣的事物和问题，又有助于拓展幼儿的经验和视野。我园地处素有“东南小邹鲁”之称的浙南重镇——瑞安，有着历史悠久的人文景观，风味独特的土特产，抑扬动听的本土童谣，趣味盎然的民间游戏，敢为人先的温州精神等等，蕴涵着博大精深的文化传统和丰富的教育资源。为此我们以开发—建设—利用为线索，层层深入，利用本土资源开发具有特色的园本课程。

一、建构本土课程“资源库”

“瑞安”素有“东南小邹鲁”之称，俯仰之间皆文化，是“温州模式”的主要发祥地。我们组织老师展开了积极的搜集和开发，以查阅文献、实地调研、上网查寻、走访艺人、发动家长与孩子等多种方式搜集民间广为流传的瑞安文化教育资料，将收集的资料进行分享，并上传网络资源库。如经学大师孙诒让、国旗设计者曾联松、体坛名将周小菁、文艺界明星陶慧敏等。国家重点文保单位玉海楼、圣井山石殿；被国家商务部评上温州地区唯一首批“中华老字号”的李大同，独有的民俗风情曹村灯会，塘下澍村：“抬排殿猪喽”；传统文化如瑞安鼓词、瑞安童谣、 米塑、民间游戏等；还有多个强大的知名企业，如荣光集团、瑞立集团、赛纳集团……

我们将园本课程资源开发的目标定为：构建贴近幼儿生活的，容易被幼儿理解和接受的本土课程内容，弘扬本土民间文化，培养具有传承、发展、创新本土文化意识和审美能力的一代新人。体现了本土性原则、兴趣性原则、生活性原则、活动性原则、发展性原则。

我们在认识到拥有丰厚的本土教育资源后加以挖掘、归类、筛选、整理。构建了本土课程开发网络资源库，分为名人逸事、名胜古迹、本土特产、民俗风情、本土经济、民间艺术等六大类，并确立了相应负责人去组织实施。

二、构建“网络式”管理系统

在组织实施本土课程时，制定好具有方向性和指导性的总体教育目标，并按主题目标设计方案，确保每半月一次活动，半日组织反馈、研讨、调整方案，集体备课，经反复推敲、打磨，使之趋向完善。

具体分工职责如下：

园长：总体的构想、规划和调控。

副园长：上传下达，下情上传，协助上下层面工作，业务把关。

课题组成员：课题资源开发，内容设计，评价。

班级教师：验证实施。

三、园内环境凸显本土特色

（一）营造具有本土化、弹性化的物质环境

幼儿最初的认识是通过自身与环境的相互作用而得来的。我们应该创设富含教育价值的活动环境，真正让幼儿做环境的主人，与环境亲密接触、有效对话。我们教室的墙画，粘贴着瑞安的民间饰品；幼儿园的走廊上，悬挂着具有教育意义的民间工艺品等；区域活动是幼儿自我探索、自我完善的活动，有相对宽松的活动气氛，能更好地满足幼儿发展的需要；表演区的幼儿可进行民间文艺的表演，体验的民间文艺乐趣；美工区的幼儿利用稻草、麦秆、芦苇、种子、螺蛳壳、泥巴等自然材料进行各种美术活动；在游戏区，幼儿利用弹子、柿子核、花蛤壳、橡皮筋等材料进行民间游戏，幼儿可边操作边游戏，充满了无尽的乐趣。如：在选择名胜古迹主题活动时，教师有意创设了“玉海楼”景点介绍区。通过参观、作画、拍摄，从不同的角度去观察玉海楼的构造。接着，教师、家长、小朋友一起制作了模型“鸟瞰玉海楼”，一幅布局合理，比例均匀，做工精湛的艺术作品就此诞生了。大家都感觉站在作品面前犹如身临其境，同时也让孩子们对玉海楼有了更全面、更深刻的认识。

（二）科学利用地域教育资源，拓展提供健康、丰富的教育空间

新《纲要》强调自然环境和社区教育资源的重要性。为丰富育儿载体，拓宽育儿渠道，我们充分利用瑞安所蕴含的各种丰富的教育资源开展各种活动。如鼓词是瑞安所特有的一种文化艺术，在“罗阳大地，鼓词悠悠”主题活动中，请家长带幼儿到湖滨公园聆听鼓词，上网查找鼓词资料，动手制作鼓词版块。我们还邀请了鼓词童星金玮小朋友等人来园为小朋友演唱。

在“曹村灯会”主题中，元宵节家长和老师带着孩子们亲临曹村，亲历盛会，感受了浓郁的本土风情，邀请老艺人来教授孩子扎花灯，并展开了一次别开生面的猜灯谜活动，全园师生其乐无穷。

在“清明早茶”活动中，把孩子带进社会，实实在在地去感受家乡茶文化的广、博、精、深。如：春暖花开之际，教师请家长一起搜集有关茶叶的资料，带领幼儿来到茶园，让幼儿听听炒茶工人的介绍、看看茶叶炒制的过程，让幼儿一起来品茶，然后“小小茶庄”的角色游戏就自然而然地展开了。在“索面长长”、“小米塑大魅力”、“家乡的马蹄笋”等主题活动中，教师利用休息日时间，组

织了形式多样的亲子活动，带着孩子走出校园，走进自然，走进民间作坊，挖一回马蹄笋、捏一个小米塑、喝上一碗亲手制作的索面汤……兴趣盎然、感受深刻。

在此次创设环境的过程中，瑞安这个具有浓厚本土文化的地域资源，不仅提供了丰富的教育空间，还增强了当地孩子独特的“本土文化”知识。

四、齐心协力，共同营造良好研究氛围

（一）管理、指导、实践一体化

在课题实施过程中，三位课题负责人深入实际教学中，分工负责各线，了解教育实施过程，包括观察和了解教师与幼儿的需要，与教师共同研讨教育计划和教学方式，指导教师教育实践，支持教师根据幼儿发展需要对教育目标、内容和方法及一日活动安排等灵活调整，大胆尝试新课程，将自己定位于教育教学过程中的参与者、支持者、服务者，实现管理、指导、实践一体化。

（二）集体共建课程，组织生动化、趣味化，达到优质化

本土课程资源挖掘需要时间、精力和毅力，如何整合资源开发活动是重要环节。确立先由教师进行设计，进行各课题组集体研讨、调整。要求教师提供两个教案：一个是初案，就是自己事先独立思考；另一个是修正案，就是在备课组上经过大家讨论修改。如：文化名人——孙诒让中的一个活动“夸夸孙诒让”。初案：首先教师出示孙诒让画像，问幼儿认识他吗？再依次问孙爷爷是哪里人？有什么本领？长大了有哪些成就？喜欢孙爷爷吗？为什么？然后师幼共同布置收集的资料进行交流。这种方案问题设计单一、枯燥，几乎没有给予每个幼儿搜集资料以及互动的机会，也没有创设环境让幼儿交流自我的认识和理解，不是幼儿自己习得的，而是教师灌输给幼儿的，没有体现幼儿的主体性。修正案：以“摸书”游戏引出孙诒让，以故事作为载体，首先提问：介绍谁的故事？说了一件什么事？你觉得孙爷爷是一位怎么样的人？然后幼儿相互参观环境，借助资料，互动交流、分享。结果证明修改案效果很好，孩子不仅产生了对孙诒让爷爷的了解和敬佩，发自内心地说向他学习，做个爱读书的人。同时在活动中产生了深入探索的兴趣，讲得乐此不疲。

（三）转变教学理念，变预设为生成

新的教育理念为教师营造了自主发展的空间。教师根据本班幼儿的实际需要、兴趣 、水平自主选择主题生成活动，调整教学计划。在选择主题时，我们会关注以下几个问题：

（1）小朋友会喜欢这个主题吗？

（2）能体现本土性吗？

（3）来自于幼儿的生活吗？

（4）是否建立在幼儿的知识经验基础之上？

（5）能帮助幼儿更好地相互了解吗？

（6）能否给幼儿提供表演或表现的机会吗？

(7) 能否推动与家长的交流?

(8) 幼儿有主动探究的机会吗?

实践中，很多老师常常会感到难以把握孩子的生成活动。“兴趣是最好的老师”，这是亘古不变的真理，所以我们把幼儿当前的需要与兴趣，作为生成课程的一个重要来源。比如：在开展“家乡的鞋”主题活动中，幼儿在参观赛纳集团时，对赛纳集团生产安全鞋的防水、防刺穿、防电、防酸等功能产生了浓厚的兴趣，不停地问：“为什么这个鞋子不怕水、不怕电呢？”“这个鞋子的头怎么这么硬，里面藏着什么呢？”……此时，老师不是如何尽快地给孩子答案，而是顺着孩子的兴趣，开展了“奇妙的鞋”、“夸夸家乡的鞋”、“鞋思妙想”等系列活动，和幼儿一起参观鞋厂、查找资料、组织交流，一起寻找问题的答案。在活动中，孩子学会了记录、查找与分析资料。一个个“为什么”的问题串联、积累起来就转化成了幼儿的生成活动。在这个活动中，教师通过对幼儿的观察了解，在满足幼儿兴趣的同时，培养了幼儿善于发现，勇于探究，敢于表达的学习态度；同时提高了自己敏锐捕捉教育契机和有效选择、组织教育内容的能力，将活动不断深入。

(四) 开展丰富多彩的综合化活动

综合化是指在进行本土课程教育活动时，要以有机整合的教育方式，统整瑞安的课程教育资源，发挥综合功能，实现幼儿园资源开发的目标。如我们请来瑞安鼓词界泰斗——阮世池先生为孩子们演唱《白马与黑马》、《狐狸与乌鸦》等符合幼儿欣赏水平的经典曲目；请瑞安四小学生金玮姐姐为小朋友们演唱童趣的《老鼠告状》；在充分挖掘瑞安名胜古迹教育资源后，开发了名胜古迹园本课程，制作了PPT《瑞安的名胜古迹》。孩子们被丰富精彩的画面吸引了，着迷了。我们根据孩子们所产生的兴趣点，生成并开展了一系列主题探究活动。如在“我心中的隆山塔”活动中，组织孩子们收集瑞安名胜古迹资料——投票决定自己喜欢探索的名胜古迹——游游隆山塔——拍拍隆山塔——画画隆山塔——说说隆山塔等。每一次活动孩子们总是那样积极、主动，他们经常聚在一起讨论：“资料上说隆山塔只有五层，为什么现在有七层呢？”“说是用青砖砌成的，为什么现在塔身有颜色呢？”……道不完的“为什么”使我们明白，孩子们开始在探索瑞安、亲近瑞安了。2007年元旦，在瑞安玉海广场成功举行了“亲亲瑞安、浓浓乡情”独具家乡文化的专题文艺汇演，表演了歌谣《月光光》、快板秀《燕儿》、时装秀《隆

山塔》等，

同时设置了“瑞安特色角”区域展示，分别有“小米塑，大魅力”、“江南小镇，寻我特产”、“民间游戏，童心飞扬”、“唱童谣，忆童年”、“情牵瑞安，游历名胜”五个区域，现场气氛欢快、热烈。我们的活动引起了家长、社会人士的共鸣，他们也纷纷加入我们的行列，扎稻草人，编蛋袋，买特产，听介绍，和孩子们一起唱童谣，做民间游戏。

（五）借外力，家园协同作用

家长是开展本土教育活动中不可忽视的重要资源，他们不同的知识和职业背景为幼儿园提供了丰富的知识来源，家长自身的能力和特殊的才能也是我们重要的教育内容来源。如大一班谢力呈的妈妈是室内设计师，她组织了10多位家长制作“玉海楼”模型，布局逼真，做工精湛，栩栩如生；在大班特色经济“家乡的鞋”主题活动中，家长——瑞安著名鞋企赛纳集团经理主动请缨，从联系车子、设计参观路线、企业介绍、参观制鞋车间一条龙服务。孩子们趣味盎然，许多孩子都说：“今天真开心，就像春游一样，还学到了很多新的本领。”在家长的大力支持下，整个活动安全、有序、实效。

教育资源是多元的，它的综合开发利用，落实了《纲要》精神，体现了社会大教育的方向，促进了教育社会化、社会教育化的过程。教育的飞速发展给我们提出了更高的要求，我们将本着“倾心于孩子的今天，着眼于孩子的明天”的宗旨，多方面、多通道、多角度地利用、开发、整合各方面的教育资源，以最大的限度促进幼儿身心和谐健康的发展。

利用本土资源　开发特色园本课程

姚晓静

目前，全国或地区一致的普遍性课程很难兼顾不同幼儿园所在地域、社区、幼儿家庭之间的差异。而在幼儿园现实根基上生长起来的园本课程，不仅可以充分利用周围的教育资源，同时允许家长、社区人士参与课程开发与研究，使幼儿园课程更加贴近幼儿的生活实际，并形成幼儿园、家庭、社区三者合一的教育，从而有效提高幼儿园的教育质量，共同促进幼儿的积极发展。

一、园本课程资源开发的目标和原则

“亲亲瑞安”园本课程开发目标是以家乡的人、事、物来熏陶孩子，感受“家乡——瑞安”地方文化的无穷魅力，引发和培养幼儿人文素质和热爱家乡的质朴情感，弘扬家乡传统文化；通过学习、尝试、探索、体验，丰富幼儿感性经验，促进幼儿全面、和谐、充分的发展；并引领教师推向课程建设与改革的前沿，创建教师专业发展平台，形成研究型教师群体，促进教师专业化发展；构建家庭、社区、幼儿园桥梁，形成三位一体同步互动的教育合力；形成具有浓郁本园特色的课程体系。我们在园本课程资源的开发实践中，遵循如下原则：一是本土性；二是兴趣性；三是生活性；四是活动性；五是发展性。

二、园本课程资源的开发建设过程

（一）开发

我们组织老师展开了对地方课程资源的普查和搜集工作，多次到文化馆查阅反映本地人情的文献，如《瑞安县志》、《瑞安文物简志》、《迈向新世纪的瑞安》等；利用休息天到高楼、马屿等地进行实地调查、访问；上网查寻、走访民间老人等方式搜集民间广为流传的各种本地资源，如民间文学、游戏、故事、名胜古迹等，还搜集了许多珍贵的照片、录像、民俗产品。此外通过家园联系窗，请家长与孩子一起收集相应的本土教育资源。

（二）筛选

通过广泛地普查获得的可用资源是非常丰富的，但对于我园园本课程资源的开发与利用来说，需要选择最适宜幼儿的课程资源。为此，我们有目的、分

层分类地筛选这些资源，并将之贯穿课程的始终。

（三）建设

在对课程资源进行筛选的基础上，我们将丰厚的本土教育资源分为名人逸事、名胜古迹、本土特产、民俗风情、本土经济、民间艺术六大类，并确立相应负责人去组织实施。

三、园本课程资源的实施

园本课程资源在开发和建设的基础上，采用整合化综合性的教育活动来实施。在实施过程中，我们开展了一系列教学活动，并充分利用一日活动中各个环节的教育契机，把教育内容贯穿其中，同时积极发挥环境的熏陶作用，在幼儿园内创设本土教育资源的环境和活动区域。

（一）“名胜古迹”融入课堂，使幼儿在探究中学习

大班段老师在充分挖掘瑞安名胜古迹教育资源后，开发了名胜古迹园本课程。如大班开展的“瑞安利济医学堂”主题活动，教师利用家长协助幼儿上网查找资料、上图书馆查找文献、让幼儿询问爷爷奶奶等多种方式，让他们获取对瑞安利济医学堂的认识，了解其悠久的历史渊源、意义及对人们生活带来的影响等，让幼儿主动建构自己的认知体系。在此基础上，幼儿将自己收集到的资料带到幼儿园与同伴一起交流、分享，丰富自身认知，同时培养了幼儿良好的协作学习意识与能力。为了让孩子能有更深刻的认识和体验，根据孩子的学习特点教师还将课堂搬进了瑞安利济医学堂，通过参观、讲解、探索等形式使幼儿对利济医学堂有了一个直观而深刻的认识。最后师生还共同布置版块，由幼儿向他人介绍自己的认识和体验，使他们在活动中探索瑞安、亲近瑞安。

（二）“鼓词、童谣”贯穿于教学，使幼儿感受独特教育

瑞安鼓词内涵丰富，洋溢浓郁的地方色彩、鲜明的艺术特色和独特的文化特征，在语言文字、文学艺术、民间工艺、社会习俗等方面都具有极高的审美价值和研究价值。为使幼儿能了解传承这一民间艺术，大班设计了“罗阳大地、鼓词悠悠”的主题活动，在幼儿自主收集材料、亲身体验、同伴交流、教师系统讲解、制作小板报等基础上，还带着孩子们敲开了瑞安鼓词界泰斗——阮世池老先生的家，阮老先生向孩子们介绍瑞安鼓词的艺术特点、历史发展，为孩子演唱《西游记》，抑扬动听的唱腔、生动有趣的情节、扣人心弦的鼓点、精湛的表演深深地吸引了孩子。那一双双全神贯注的眼神，那雷鸣般的掌声，是民间艺术美的种子在孩子们的心田发芽、开花。

“点脚雷盘，盘到南山，七星北

斗，多星牛牛……”这些简洁明快、充满童趣、耐人寻味、蕴涵着瑞安文化的方言童谣给予一代又一代的瑞安孩子独特而有效的教育。因此我们决定以朗朗上口的民间童谣和趣味盎然的游戏为切入口来丰富本土教育课程内容。

我们的老师在搜集整理民间童谣和游戏的同时，查资料、走访民间老人，挖掘潜在的教育意义，了解正确的瑞安方言发音，制作相应的玩具，组织开展“摆摆龙船”等主题活动。而我园开展的民间童谣和游戏的教育活动也激发了家长内心深处的童心和童趣。在离园路上，不时看到孩子拉着妈妈或爷爷、奶奶的手，边走边念着童谣的情景，那俏皮生动的乡音、其乐融融的情景充分演绎了乡土资源潜在的教育价值。

（三）“特产、小吃”走进课堂，实现教育生活化

为了让孩子了解瑞安地方特产，帮助孩子了解家乡的饮食文化，激发孩子爱家乡、爱劳动的情感，教师们结合幼儿的一日生活环节设计了“好吃的陶山甘蔗”、“李大同”等主题生活活动。通过在午餐和点心环节，购买一些瑞安的特色小吃——莘塍的豆腐干、瑞安馄饨、湖岭牛肉等让幼儿认识、品尝；请幼儿带上自己收集的瑞安美食来幼儿园与同伴交流、分享；利用食用后的一些卫生的废弃品制作玩具；我们的教师还利用休息日的时间带着孩子们参观李大同的生产基地……在这些丰富多彩的活动中，幼儿不但增进了对家乡特产的认识，体验了劳动的快乐，还极大地激发了幼儿对生活的热爱、对家乡的热爱，为自己是瑞安人感到骄傲和自豪。

四、实践探索后的反思

人人参与园本课程的开发，班班参加园本课程的实施，幼儿成了活动的主人，既加深了对家乡的认识和了解，又激发了浓厚的爱家乡情感。教师勤奋学习，刻苦钻研，共同研究，理论知识不断充实，教育观念得到了更新，课程开发意识和教育科学研究的水平得到了提高，教学活动的策划、组织及反思能力得到了增强。但本土课程资源开发和利用是一个不断挖掘、实践、探索、调整、创新的动态发展过程。在研究过程中，我们困惑、迷茫：如何使本土课程的课堂教学更加生动、更加符合幼儿的年龄特征，真正促进幼儿的发展？园本课程与现有教材如何融合？等等。同时我们还需要继续提高对瑞安文化的了解和取舍能力，提高对园本课程的设计能力。而且随着课程资源的不断拓展——如何从园内到园外，从社区到社会，从教师、幼儿为主体到辅以专家、家长、社区人士共建课程，使园本课程开发的思路不断拓展，课程内容不断丰富，课程开发力量不断壮大等系列问题还要深入思考和解决。

挖掘教育资源　传承民间文化

——谈民间游戏对幼儿社会性教育的价值

孔晓平

民间游戏是人们在民族传统文化的基础上经过不断加工而形成的，是勤劳智慧的中国人民在漫长的历程中创造、流传下来的，它积淀了丰富的文化底蕴，对儿童发展和成长特别是社会化的发展有着重要的价值。《幼儿园工作规程》中明确指出，“游戏是对幼儿进行全面发展教育的重要形式”，“因地制宜地为幼儿创设游戏条件”。《幼儿园教育指导纲要》中指出，“玩是幼儿的天性”，“要发现、保护和引导幼儿固有的天性”。可见，游戏在幼儿生活中具有重要地位和作用。那么，民间游戏中所蕴含的社会性教育价值也是其他游戏所不能比拟的。在此基础上我园确立了《“亲亲瑞安”本土课程资源开发与整合》课题研究，其中民间游戏的实施对幼儿的社会性发展具有很大的教育价值。

一、民间游戏有利于幼儿亲社会行为的形成

心理学家马斯洛认为：“当儿童生理、安全需要得到满足时，儿童就渴望自己有所归属，成为集体中的一员，渴望在集体中与他人建立深厚的感情。”如一大群幼儿手拉手玩“卷炮竹”、“炒盐豆”；用一块小瓦片玩“跳房子”；用四只小米袋玩“拾子”等，这些民间游戏都是需要多名幼儿共同参加，他们可以从中满足合群的需要，形成自然的游戏伙伴关系。为了参加游戏，幼儿必须相互协调、合作，学会自己解决人际矛盾，学会控制自己的行为和情绪，学会理解和照顾他人、平等待人等。这为现今的独生孩子提供了发展社会性的良好时机。

二、民间游戏有利于幼儿社会认知的发展

大多数民间游戏配有朗朗上口的童谣和优美动听的儿歌，它包含许多关于自然和社会的知识，开阔了幼儿的眼界，扩大了幼儿的知识面。幼儿在参与民间游戏的过程中，也是幼儿认识生活、了解他人、亲近社会的过程。如：玩“顶锅盖”游戏时，要求至少两名幼儿一起玩，一名幼儿手心朝下， 其他幼儿将食指顶在其手心，一起说“顶锅盖，炒小菜，辣椒辣了不要盖，呼——一口风，呼——两口风，呼——三口风”，说完食指要立刻离开手心，否则被抓住的幼儿就要回答：“炒的什么菜”，“炒韭菜”，“西红柿炒鸡蛋”等。通过这个游戏幼儿不仅可以知道许多菜名，而且通过扩展可以了解到做菜的基本过程，更体验到了共同游戏的快乐。又如，用我们瑞安方言边念边游戏的“摆摆龙船”：“摆摆龙船，糯米汤圆，摆来金啊摆来银，摆来铜钱娶新娘。”

幼儿两两相对，在边念儿歌边娱乐的同时，把自己了解到的知识运用在游戏过程中，再配合相关的民间音乐节奏与游戏内容相匹配的动作。孩子乐在其中、美在其中、悟在其中，潜移默化地感

受到了悠久的、独具魅力的民俗文化。

三、民间游戏有利于幼儿良好个性和积极情感的发展

我们面对的大都是独生子女，他们所处的环境优越，个性突出，对自己喜欢的玩具往往霸为己有，不予同伴玩；有的孩子喜欢扮演自认为“本领大”的角色，不想充当一些“弱小”的角色。例如“老鹰捉小鸡”的游戏，有部分幼儿总喜欢扮“老鹰”，不愿扮演“小鸡”的角色；还有的小朋友不愿和大家一起活动，总爱自己玩。通过民间游戏的开展，原来较霸道的小朋友也能与同伴友好相处，喜欢扮“本领大”的角色的小朋友也能与同伴互换角色，幼儿养成了良好的品格，体会到了成功的喜悦和满足感，增加了自信心和成就感。

四、民间游戏有利于幼儿良好道德品格的形成

加强幼儿品德教育和行为习惯的培养、训练，对促进幼儿身心健康发展，起着十分重要的作用。如游戏“摇元宵”：“摇摇摇，摇元宵，我的元宵是宝宝。 穿红衣，戴红帽，不说话，总爱笑。 吃饭不让妈妈喂，走路不让爸爸抱。 看见小鸟点点头，看见客人问声好。”不仅教育了孩子自己的事情自己做，培养了孩子的生活自理能力，而且又教育了幼儿从小懂礼貌，争做文明人。幼儿从游戏中受到感染熏陶，从而形成良好的道德品质和行为习惯。

五、民间游戏有利于幼儿园、家庭、社区的多向交流

民间游戏可以成为幼儿园、家庭、社区多向沟通的桥梁。深入开展幼儿民间游戏，关键是教师、家长及社区中的居民的共同合作。他们对儿时的游戏往往都难以忘怀而且津津乐道，这对幼儿园征集和开展民间游戏推动极大。首先在教师们中间进行了如何开展民间游戏的理论学习，让大家思想达成共识，充分认识到民间游戏在幼儿中间开展的重要性，以及在促进幼儿身心发展方面的教育价值。然后让家长们重温童年生活，回忆起了“踢石子”、“电杆”、“丢手绢”、“指星星”、“碰脚”、“我们都是木头人”一系列民间游戏，有的家长说，“以前只知道带孩子去买高档玩具，玩上几天就没兴趣了，怎么就没想起教孩子玩一玩咱们小时候的游戏，又省钱又能让孩子多运动，而且能使孩子的身心各方面得到发展”。于是，教师、家长一起收集素材，把自己小时候玩过的游戏的名称、玩法、规则和所需材料详细记录下来编集成册。此活动的开展也拉近了老师与家长的关系，促进了孩子与家长之间的沟通与交流。小伙伴们一起玩自编自创的民间游戏，互教互动，尽情游戏，使生活变得更加丰富多彩，人们的关系变得更加密切，教师的责任感也随之增强。如：“送松糕”、“问姓谣”、“吃馄饨”、“点脚雷盘”、“正月初一头”等，在庆祝“六一”儿童节期间，各班教师、家长相互配合，利用幼儿学到的具有浓厚的民间童谣编排了形式多样的歌舞节目，让幼儿感受我们民族文化的博大精深。

由此可见，民间游戏的作用使现代的独生子女获得了宝贵的社会交往机会。民间游戏发挥了其他教育难以替代的社会教育作用，在民间游戏的实践过程中，我们深切地感受到它对幼儿社会性发展具有重要的作用，是孩子们健康成长的良好伴侣。我们应充分利用好民间游戏，让幼儿在快乐有趣的民间游戏中得到成长，使民间游戏这一珍贵的民族文化得以延续，并在我们民族的世代传承中不断发展和壮大。

《地方特产》课题实践

邵文贞

一、问题的提出

说到瑞安的地方特产，大家首先会想到什么呢？是李大同的双炊糕还是莘塍的五香干，或者是南山的索面……当我第一次问孩子们知道瑞安有哪些特产，说出来的居然是巧克力、肯德基……可见他们对我们传统的美食一无所知，对家乡特产了解甚少。因此，要将这个课题顺利有效地进行下去，还需要很多的尝试与努力。以下我就来谈谈我在进行这个课题时的一些具体做法。

二、让孩子深入了解、调查、访问、制作，激发孩子对瑞安土特产的兴趣

首先我们开展了瑞安特产的手抄报制作活动。在活动中家长和孩子齐心协力，通过翻阅资料、网上查询等方式寻找瑞安有名的特产，还有的家长亲自带着孩子跑到生产地去进行实地拍摄，并制作成50多张精美、图文并茂的手抄报，有关于陶山甘蔗的、瑞安水产品的、李大同茶食品的……使孩子们对瑞安的特产有了很直观的了解。看着墙上张贴的一张张各具特色的手抄报，孩子们不禁感叹："老师，这些都是我们瑞安的特产吗？我们瑞安的特产真多呀！"接着，我和孩子们进行了筛选，选择最能代表瑞安的、最符合孩子的认知经验的、符合季节性的瑞安特产。以下主题活动正式展开。

三、引导孩子运用多种感官进行探究，了解家乡土特产的种类以及它的独有性

新《纲要》中指出："幼儿对周围的事物、现象感兴趣，有好奇心和求知欲；能运用各种感官，动手动脑，探究问题。"在活动中我通过让孩子们尝一尝、看一看、动一动、说一说等形式，来了解家乡的土特产。

1．尝一尝，尝尝土特产的味道

让孩子们亲口品尝甘蔗、双炊糕等土特产，激发他们的兴趣。在开展这个课题时正是陶山甘蔗成熟的日子，这天孩子们的餐后水果正好是甘蔗，于是就利用这个

机会跟孩子们玩起了猜谜游戏：节节高，像根竹，吃一口，吞口甜水汁，吐出干渣滓。孩子们挠着头想了很久，当把谜底揭开给孩子们看时，孩子们看着那根红黑红黑像竹子一样的东西，兴奋地欢呼起来：“是甘蔗！”“我最喜欢吃了”。我接着问：“那你们知道这么好吃的甘蔗是哪里生产的吗？”……对于我提出的一个个问题，孩子们都表现出浓厚的兴趣。于是就从吃甘蔗引出了《陶山甘蔗》这一主题。

2. 看一看，看看土特产的生长地方

在主题活动“好吃的马蹄笋”中，我们走进了马蹄笋之乡——平阳坑。在竹林中大家三五成群地四处寻找马蹄笋，每发现一处冒出笋尖，孩子们就惊喜地大叫起来，拿出从家里带来的小锄头或拿起地上的树枝很认真地挖起来，生怕把嫩嫩的笋芽儿弄伤。当他们手捧着满是泥土的马蹄笋时，他们欢呼着、雀跃着。一个个问题也从心里冒了出来，“老师，我知道马蹄笋的家在哪里，原来它长大了就是竹子呀！”“老师，我们一起把马蹄笋拨开来看看吧？”……活动受到了家长的一致好评，他们说以前我们只知道让孩子们从书本上学到知识。其实在实践活动中更能学到知识。这次活动也让孩子们对我们瑞安的土特产马蹄笋以及它的生长环境有了更深刻的了解。

3. 动一动，动手一起来制作

心理学家皮亚杰认为：“智慧的花是开放在手指尖上的。”这说明了动手操作的重要性，在孩子动手操作探索新知的过程中，会不断产生富有创造性的想法，在这些想法的驱使下孩子会进一步动手探索、摸索、发现，直至闪烁出创造的灵光。

在“李大同茶食品”

主题活动中，孩子亲自动手制作双炊糕；在“好吃的马蹄笋”活动中，孩子们和爸爸妈妈一起制作鲜美可口的笋菜肴；在“清明早茶”主题活动中，我们和孩子们一起用清明早茶制作香喷喷的茶叶蛋。

4. 说一说，说出自己对家乡土特产的情

孩子们带来了许多李大同生产的糕点，让他们相互介绍、交流，一个孩子是这样介绍的：“我知道李大同是中国的老字号，它很久很久前就有了，我最喜欢吃店里的橘红糕了。”另一位孩子说：“我带来的是双炊糕，双炊糕是用糯米、桂花和白糖做的，我妈妈告诉我，我们瑞安的双炊糕可有名了，有很多的外国人都来买呢！”孩子们在探索中愉快地交流着，在交流的过程中表达着自己对家乡特产的情。

四、进行拓展迁移

通过这些活动，我也发现，只有释放孩子，让他们走进瑞安这个大社会、大自然，鼓励孩子在认识瑞安多种特产的同时，充分运用多种感官探究周围的环境，才能使孩子们了解得更多、思考得更多，才能更进一步地激发起孩子对家乡的热爱之情。最后让我们一起共勉：与幼同乐，与幼同学，孩子的快乐是我们的幸福，更是我们的成就！

瑞安名人　常驻心中

柯哲华

瑞安的名人：报坛泰斗赵超构，水生物学家伍献文，实业家李毓蒙，黄宗江、黄宗洛、黄宗英三兄妹。除了这些，我们瑞安的名人还有谁呢？当我提到这个问题时，孩子们却说：奥特曼、葫芦娃、黑猫警长。可见，孩子们对“名人概念”几乎没有，更别谈家乡的名人了。为了让幼儿重拾瑞安名人的影像，使家乡名人的事迹和精神代代流传。我们的课题是：

（1）让幼儿知道瑞安有哪些名人和名人的事迹。

（2）培养幼儿爱家乡的情感。

（3）学习名人认真、不怕困难、勇敢等良好的品质。

一、资料的搜集和瑞安名人的确定

如何选择幼儿感兴趣的名人是课题开展前期的重点。于是，我把主动权和选择权交给孩子，让

表 1–2

序号	名　人	主要事迹
1	曾联松	设计了我国的国旗；曾任上海市政协常委
2	孙诒让	有“一代经师”的称号；故居玉海楼和创办的名校瑞安中学
3	高则诚	创作了《琵琶记》；有“南戏鼻祖”的称号
4	叶正则	南宋时期著名的文学家和诗人；永嘉学派的集大成者
5	姜嘉锵	国家一级演员；擅长演唱古诗词音乐
6	陶慧敏	有“十佳演员”的称号；电影《小白菜》的主演
7	周小菁	著名的艺术体操运动员；“艺术体操第一人”的称号
8	夏煊泽	著名的羽毛球运动员；曾多次获奖

他们找出自己最感兴趣、最想了解的名人。经过筛选，我们选择了以下 8 为名人作为本课题开展的重点对象，如表 1–2 所示。

二、具体活动的开展

1. 室内活动让幼儿体验互动、分享、收获

孩子们时常好奇地问：名人们小时候是怎么样的呢？他们是不是也和我们一样上幼儿园呢？于是，从他们的年龄特点和兴趣点出发，在开展“孙诒让老爷爷”课题活动时，运用名人小时的故事“黑夜摸书”进行教学。活动中，当幼儿蒙着眼睛体验在黑夜中摸书的感受时，旋旋小朋友说“我记住了每本书的位置所以才能摸到”；但有的小朋友说“我没看过这本书所以摸不到”；载坤小朋友说“我知道孙爷爷在哪里摸书，他的家就在玉海楼”。顿时，小朋友兴奋了，说“我要去玉海楼看看”。短短的游戏和故事不但让幼儿懂得爱上看书和学会有条理的摆放物品是一种良好的习惯，更激发了幼儿继续了解名人的欲望。

2. 深入社区，让幼儿在特定的环境中拉近与古代名人的距离

在开展“南戏鼻祖高则诚”课题活动时，我们举行了“参观高则诚纪念堂”亲子活动。当老爷爷说起高则诚小时候利用石桌来编曲时，幼儿产生了浓厚的兴趣，问题一个个接连而来：高则诚爷爷是怎么用石桌打拍子的，那个石桌现在在哪呢？等等。看到幼儿和家长兴高采烈的样子，我们知道，在这个特定的环境中，瑞安古代名人与小朋友的距离已经越来越近了。

3. 家园互动，让课题走“近”家庭

在开展“曾联松爷爷”的课题时，孩子们从曾爷爷设计国旗想到要设计我们班的班徽，这次活动过程为幼儿设计—家长参与设计—班徽展示并投票。最让老师感到惊讶的是幼儿在创作过程中的想象，瑞浩同学说：我设计的班徽是苹果形状的，上面有两颗大星星代表两个老师，四十课小星星就是小朋友。陈旭同学说：我设计的班徽是爱心形状的，代表我们小朋友很有爱心。在投票过程中个别幼儿还自己去拉选票。小小的评选不知不觉地开拓了幼儿的创作思维，提高了他们的竞争意识，培养了他们的交往能力和口语表达能力。为了增强班级的凝聚力，与小学生活有机地进

行衔接，我们把幼儿选出来的班徽真实地做出来，让幼儿创作的作品变成现实，真真切切地他们感受到成功的喜悦。

4. 分组交流探讨，让预设向生成靠拢

餐前的“名人故事会”可以让幼儿说说瑞安的其他名人或名人趣事进行分享交流。区域活动能让教师有更多的机会倾听、观察幼儿的言行举止。音乐角的曾艺小朋友说：我妈妈也想成为瑞安的名人，她最近天天去演出。图书角的鸿雨小朋友就要到外国去了，她对旁边的小朋友说：我要像姜嘉锵爷爷一样常常回来，不会忘记你们，以后我想当跳舞的名人，我每天早上都有练习跳舞。孩子们的话让我感受到“名人意识”已经在他们心中生根发芽了！

瑞安名人美名扬

国旗之父曾联松，五星红旗飘心中。
现代墨子孙诒让，传世著作来亮相。
南戏鼻祖高则诚，璀璨之作《琵琶记》。
南宋学士叶正则，榜眼出身集大成。
音乐名人姜嘉锵，民歌艺术树新风。
十佳演员陶慧敏，越剧团里一朵花。
体操公主周小菁，艺术体操第一人。
羽坛健将夏煊泽，号称十佳运动员。
瑞安名人美名扬，世世代代来流传。

5. 教师创作灵感，让“瑞安名人”常记幼儿心中

为了让幼儿更系统、更深刻地对“瑞安名人”进行认知和记忆，教师针对每位名人的自身特点创作了一首《瑞安名人美名扬》的诗歌。

6. 环境的熏陶让无声教育与有效活动并行

名人的意识概念并非一朝一夕可以建立的，我请幼儿、家长、老师一起制作名人的小板报，并在各个区角提供名人的资料内容，如陶慧敏和姜嘉锵的音乐、南戏的图片等。在三项达标区提供了夏煊泽和周小菁的有关图片，让他们刻苦勇敢的精神成为幼儿的榜样，幼儿顺利完成三项达标的同时，提高了他们对运动的兴趣。

感受本土经济　萌发创业意识

全海帆

瑞安是温州经济模式的主要发祥地，拥有“中国汽摩配之都”、“中国工艺礼品生产基地”、“中国男装名城”、“中国胶鞋名城”等多张国字号金名片。在家里，许多小朋友的父母都是办企业、做生意的，从小耳闻目染，对经济较为敏感。为从小让幼儿了解本土特色经济，体验经济发展给人们生活带来的种种好处，激发幼儿努力学习长大为家乡经济建设作贡献。结合“亲亲瑞安”园本课题，本学期我们开展了“感受本土经济　萌发创业意识”的主题活动，以开发—建设—利用为线索，层层深入，充分利用本土资源开发本土特色经济的园本课程。

一、建构本土经济“资源库”

在前期普查过程中，老师、家长、幼儿三位一体化，对本土特色经济展开了积极的搜集和挖掘。去图书馆查阅相关文献、上网查寻、制作小板报、利用休息天到企业进行实地调研等，收集了许多珍贵的照片、录像、特色产品和文献资料等。材料进行整合，制作了PPT《瑞安经济顶呱呱》，生成并开展了一系列主题探究活动，如“夸夸家乡的鞋”、“亲亲瑞安商城”、“奔腾电器美名扬”等。

二、营造适宜的环境，相互对话

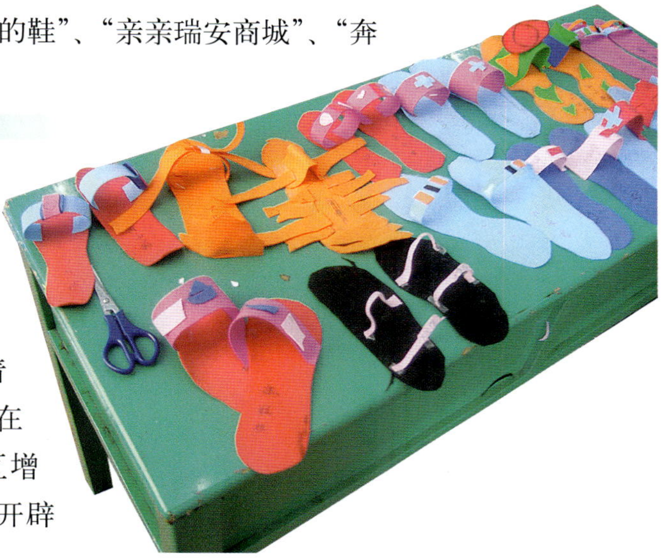

幼儿最初的认识是通过自身与环境的相互作用而得来的。真正让幼儿做环境的主人，与环境亲密接触，有效对话。我们在图书角投放了介绍瑞安经济图文并茂的文献资料册供幼儿阅读交流；在新品展示区展示着幼儿近期收集的特色产品供幼儿认识、探索；在超市区重点投放了瑞安本土特产等；在美工区增加投放各类半成品供幼儿设计、加工；还专门开辟

了一块我的新发现，幼儿可以在这里将自己的新发现介绍给同伴，与大家交流、分享、共建，体验成功的快乐。

孩子正是通过不断的收集、探索、交流、创设等活动，更好地走近、了解瑞安的特色经济，真正体现了环境与幼儿对话的教育功能。

三、多途径感受本土特色经济，学习敢为人先、不怕苦的创业精神

新《纲要》强调自然环境和社区教育资源的重要性，为丰富育儿载体，让幼儿多渠道、多方位地感知瑞安经济，学习不怕苦不怕累敢为人先的瑞安创业精神，我们充分利用各种教育资源开展形式多样的教育活动。如在“夸夸家乡的鞋”主题活动中，带孩子走进中国赛纳集团、瑞安商城的鞋贸市场，听取工人叔叔的厂况介绍，参观样品陈列室，亲临制鞋车间第一线，了解制鞋工艺，感受鞋子市场的丰富多样及贸易的热烈氛围。幼儿了解到赛纳安全鞋由于工艺独特、安全性能高而受到全世界人们的喜欢，产品远销世界多个国家，为国家赚取了可观的外汇，为家乡的经济建设作出了巨大的贡献。当听到赛纳集团总裁爷爷，小时候因家里穷，上不起学，很小的时候就被送到鞋店打工来维持生活，可爷爷不怕苦不怕累，努力学习做鞋本领，积极动脑，发明了赛纳安全的工艺专利，创办了赛纳集团，取得成功的创业故事时，幼儿深深的被折服了。有的幼儿说，“爷爷真了不起， 我也要向爷爷学习”。有个小朋友说，“我长大了要发明会飞的鞋，这样想去哪里就可以去哪里了”。还有的小朋友说：“我长大了要办一家更大的厂，生产更多的鞋子，让全世界的人都来买我的鞋子。”有的孩子在参观完美丽的厂区环境时说，“今天就像春游，不但好玩还学到了很多本领”……

在“亲亲瑞安商城”主题活动中，当孩子们了解到商城里的经营者每天都是天不亮就开始做生意，他们不怕苦不怕累的创业精神带来商城的繁华贸易，吸引了周边地区的人们争相来购买商城价廉物美的东西，带动了瑞安经济的腾飞时，孩子们深深地被鼓舞了。在参观、认识的基础上，我们还开展了形式多样的活动。如“美丽的商城”摄影展、“小巧手”小板报制作比赛，为从小培养幼儿良好的理财观念，在六一节来临前夕，与湖岭、高楼幼儿园结对，开展了“温暖六一，爱心购物”的理财购物活动。家长为幼儿提供10元面值的人民币，让孩子自由发挥聪明才智，使之价值最大化。从选择礼物—购买礼物—包装礼

物—赠送礼物，均由幼儿自主完成，家长和老师只是他们的合作者与支持者。在从小培养孩子良好理财观的同时，更要关注培养孩子从小关爱他人、回报社会的新时代创业者所应具备的良好素养，为山区的孩子带去一份节日的问候，共享节日的快乐。

四、变教师预设为师幼共同生成

在新理念的指导下，为教师营造了自主发展的空间。教师可根据本班幼儿的实际需要、兴趣 、水平选择教育内容，调整教学计划，自主选择主题生成活动。

五、关于教师

1. 促进教师不断学习与提升

在特色经济实施过程中我明显地感到自己和孩子一样有着学习的迫切需要。平时，我们会主动购买一些相关书籍、查询资料，了解瑞安经济的特点与现状。利用休息天去知名企业进行现场调研，采访工人，丰富自身的感受和认知。只有这样才有信心和孩子交流、讨论，教学相长。

2. 促进教师间的密切配合

在课题实施过程中，老师始终保持紧密的配合，对教学及时进行反馈与分析，大家一起探讨，共同设计教育方案，把大家的想法一起完善，促进课题不断深入、拓展。

六、关于孩子

1. 孩子主动建构、获得知识

在活动的实施过程中，老师经常带孩子们开展如参观赛纳集团、购物商城、城乡结对等丰富多彩的体验性活动，带给孩子们直接的感受，激发他们主动建构知识、获得知识、学会学习。同时幼儿还能利用查阅文献、下乡实践等方式合作交流寻找答案，在愉悦的情绪体验中孩子主动建构知识的能力有了很大的提高。

2. 萌发幼儿的“创业”的意识

在开展瑞安本土特色经济的过程中，以家乡的人、事、物来熏陶孩子，让孩子们对自己家乡——瑞安的地方特色经济有了更加深入的认识和感受，从小感受并学习敢为人先、不怕苦的创业精神，深刻感受到身为一名瑞安人的自豪感，萌发幼儿“创业”意识。

七、关于家长

在特色经济实施中，许多家长都热情地参与了“家长志愿者”队伍。在“美丽的商城”摄影展活动中，许多家长利用休息日，带着孩子走进商城，有家长带着孩子爬上隆山塔鸟瞰瑞安商城的、有家长带着孩子感受新旧商城的不同的……家长的参与与援助给活动的实施、推进带来的不仅是便利、丰富，而且意义深远。孩子们亲历其中，收益匪浅。

浓浓风情　悠悠童心

应晓宁

这次课题给了我一个在思想碰撞和行动实践中，不断挑战自我，实现自我，逐渐成长蜕变的平台。下面，我就结合本土风情中主题活动“曹村灯会”的开展情况，与大家一起探讨一下自己的几点心得和体会。

据了解，瑞安风情有很多，有曹村灯会，端午节划龙舟，澎村“抬猪褛”等民俗，特别是我们曹村镇的元宵闹花灯习俗，已有800年的历史，具有很强的地方特色。“曹村灯会”主题活动就是在这样的背景下生成和展开的，其目的是让幼儿通过元宵节欢乐、祥和的节日气氛，加深幼儿对瑞安本土风俗的了解，以及对家乡的认识，进而萌发热爱家乡的情感。在课题活动中我们生成了系列活动：民间故事“元宵节的由来”、儿歌“元宵数花灯”、民间食品制做“元宵”、综合活动“观赏曹村灯会盛况”、艺术活动“曹村舞狮乐”、装饰画“曹村花灯”、亲子活动“巧手迎春”现场灯笼制作比赛等。

一、实践——灵活调整方案是我们开展好主题活动的有效方式

如在进行“观赏曹村灯会盛况”主题活动时，第一次研讨我们把关注的焦点放在对曹村灯笼的认知上。由胡丹老师执教，我作为听课老师边听边记。课后，我们发现活动中未能充分体现瑞安的本土特色，没有充分展示瑞安特有的文化等问题。一节课上完，孩子们了解了曹村元宵灯会活动，但在认识家乡的本土风俗，激发热爱家乡的情感方面渗透得还不够。于是，在“二研”中我们通过及时灵活地调整方案，实现了课前预设生成与课后反思调整的互动。

重新设计了以下提问：瑞安的曹村灯会与其他地区有什么区别？你喜欢曹村灯会吗？为什么？为了激发幼儿热爱家乡的情感，我们还设计了提问：现在曹村会做灯笼的爷爷奶奶们年纪已经越来越大了，要是他们做不动灯笼了，那曹村灯会就没有了，爷爷奶奶们可着急了，小朋友你们有没有办法帮助爷爷奶奶们呢？通过提问让幼儿知道文化传承的重要性。通过“一课二研”，我们发现了问题，尝试去解决问题，但同时我们又发现了

新的问题，我想这就是课题。

二、体验——走出去教育是这个主题活动取得成功的最大亮点

在开展了“元宵节的由来”、“观赏曹村灯会盛况”活动后，我们发现上课模式太传统，孩子们学得很被动，还是处于教师提问、孩子回答的灌输式教学，不能很好地启发幼儿自发自主地去学习、探索，切身感受瑞安浓浓的风情。随即我们的课题组带着这个问题，在徐园长的带领下召开了课题组会议，决定打破以往的固定模式，带着我们的孩子走出去，亲自去曹村体验和感受瑞安独有的民俗文化。于是，我们设计了“制作曹村灯笼”活动，带领家长和幼儿一同赴曹村观看花灯，并邀请曹村唯一会扎灯笼的老人现场教学，使幼儿有机会直观地了解制作花灯的整个过程。在活动中家长与孩子一起共同制作了自己的花灯，大大提高了幼儿对曹村灯会的认识。同时，我们还设计开展了“画灯笼”、“猜灯谜”等活动以巩固幼儿的学习成果。

三、合作——利用家长资源是开展好主题活动的关键因素

实施本土课程需要充分利用家庭、社区中的物质资源、自然资源和人文资源，而要发挥这些资源的价值光靠老师的力量是无法达到的，只有在家长的支持下，充分发挥各行各业家长的纽带作用，为我们牵线搭桥，才能使我们的活动得到顺利的开展。如在“制作曹村灯笼”的主题活动中，我们班黄一骥家长与曹村唯一会制作灯笼的老人有亲戚关系，于是她非常主动承担了联系和活动安排的任务，更让人感动的是在活动前我们班多位家长多次自发去曹村探路，以保证灯笼制作活动的正常进行。在家长的支持帮助下曹村老人终于同意我们跟他学习制作灯笼，并带我们参观了在平时不对外开放的无骨花灯馆。当90多高龄的老人在家长的搀扶下，来到曹村溪无骨花灯馆——尾宫时，孩子们被绚丽夺目的花灯给迷住了，他们的求知欲和好奇心被唤醒了，个个争先恐后地去观察各式各样的花灯，发现其中的奥秘。

家长的支持为幼儿的学习提供了机会，扩大了幼儿的交往面，丰富了幼儿的社会经验，更激发了幼儿对周围生活、事物的兴趣和关注。同时也发挥了家长参与教育活动的积极性，唤起了家长的主人翁意识，使家长真正成为幼儿园的合作者。就像高龄心家长在活动后就对我园的本土风情课题作了如下评价：一方水土孕育一方文化，一方文化影响一方人，幼儿园的这个课题不仅使孩子获益良多，也让我们对自己身边的城市有了更深的了解。我觉得太多东西已经被我们这代人流失了，现在我们正在慢慢找回来，在这个过程中，好像我的童年也找回来了。

启示一：真实、丰富、淳朴的自然环境是开展本土化课程内容的保障。从开始设计课程到完成整个主题活动的教学，我们发现只有深入瑞安的各个角落，接触不同阶层的人，感受瑞安独特的地域民俗文化风情，才能掌握本土化课程的第一手资料。

启示二：教师要不断提升自身的专业化素养。如在课题实践中要学会观察，善于捕捉幼儿的兴趣点；要学会呼应提高教育机智，学会分析，正确判断生成内容的教育价值；要学会反思，调整教学策略。教师只有具备这些相关的教育技能，才能使课题开展得更有效。

小米塑　大魅力

温小芸

瑞安米塑历史悠久，每到新房上梁、家中嫁娶吉日，都会用到米塑来添增喜气。

它一般以煮熟的米粉团为原料，采取揉、捏、掐、刻、扮等手法，用多种色彩制成人物、龙凤、花鸟、走兽等米塑工艺精品，神形兼备，妙趣横生，深受广大老百姓的喜爱。

一、多彩逼真的形象吸引幼儿兴趣

幼儿园中的米塑活动又是幼儿艺术活动中最具色彩鲜艳、形象逼真、容易操作的活动之一，它以其独特的技法和趣味性，深得孩子们的喜爱。在幼儿米塑过程中不仅能训练他们的视觉、触觉和动觉之间的配合，还可以激发他们的想象力、创造力、思维力和语言能力。不仅如此，幼儿还可以通过米塑这一媒介来了解我们瑞安的传统文化，从中受到潜移默化的艺术熏陶和教育。

当我们把街边的米塑小人、米塑卡通动物带到课堂上，通过米塑人物演示故事内容进行教学时，孩子们真是兴奋、激动，表现出浓厚的兴趣，个个跃跃欲试。

在认识米塑的过程中，幼儿提出了如“米塑就用米饭做成的吗？”“这个东西摸上去硬硬的，是和橡皮泥一样的吗？”“是怎么做的呀？”等等疑问。为了满足孩子们的好奇心，我们拍摄了制作米塑的全过程，让幼儿观看到多彩逼真的米塑作品，孩子们也通过看、摸、玩、问等多种实践方式来具体形象地了解米塑这一独特的民间艺术，从中解答疑问，寻找答案。

二、运用不同技能展现米塑魅力

1.“揉”出活动的体会

在认知米塑的基础上，培养幼儿的动手操作技能是最主要的目的，而小班幼儿年龄小动手能力还较弱，故从基本的团、揉的手法入手。我选择了揉线条来表现物体的方式，让幼儿根据自己的意愿在设计好的图画上按轮廓摆外形或是图案填色。活动中宝马小朋友问：“我怎么揉来揉去还是圆圆的啊？”我告诉他应该手掌摊平，在材料上均匀用力来回地揉。包姝雅小朋友说：“老师，手掌放平来回揉时，久了两头就会变得尖尖的。”已经做好小汽车的金金说："米粉团拿来放在手心里，揉成一条条长长的，绕起来。"慢慢地通过揉的技能，小朋友们陆续做好了各自的作品。

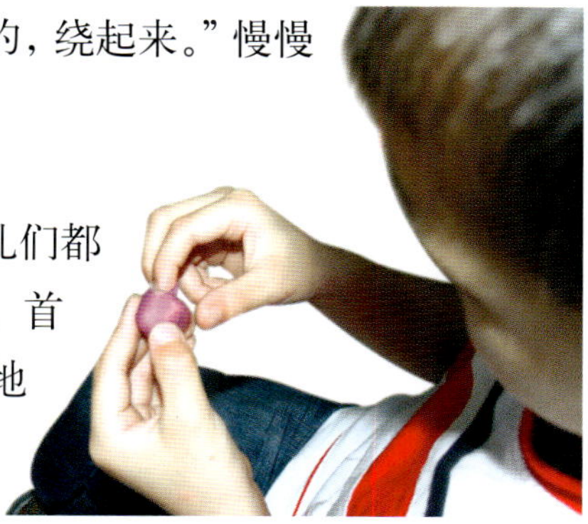

2."捏"出作品的创意

在米塑制作过程中，物体轮廓是用捏来表现出来的。我选择幼儿们都喜爱的小鸡，利用捏小鸡的嘴与尾巴来让幼儿学习掌握这种方法。首先，我制作各种造型的小鸡，在班上开了一个小鸡展示会，有意识地引导幼儿仔细观察小鸡的嘴与尾巴，增加幼儿的感性认识。让幼儿动脑思考这两个部位是如何表现出来的。然后，示范教给他们用大拇指和食指在米团的一个地方捏出想表现的部位来。如：尾巴用大拇指向上捏，同时食指加以压平，捏到略超出身体向上翘起；嘴是用大拇指、食拇指朝中间向上捏，捏出尖尖的顶就可以了。孩子们尾巴学习掌握得较快，嘴由于小，捏起来还有一点难度。在整个活动中，幼儿已能将教过的两种方法运用起来，加以自己的想象，添加了修饰物：揉条细长的小虫衔在小鸡的口中；捏个平平的帽子戴在小鸡的头上。孩子们在学习中有了自己的想法和创意，体验到了操作的乐趣。

3."刻"出操作的乐趣

米塑魅力的表现揉、捏只是基本的操作方法，而利用工具进行刻、扮才是画龙点睛之所在。在这次亲子共同制作米塑的课题活动中，我们特地邀请了米塑艺人来教孩子和家长刻、扮的制作表现方法。如："鹦鹉"翅膀上均匀的多彩羽毛是用多种色彩的米粉团，始终朝一个方向揉成的；白的"小猪"看上去也很漂亮，是靠旁边花草的装扮而显得格外美丽的；各种小动物的耳朵、背上的毛等都是用了刻、剪的方法来表现的。通过这次活动，孩子们学会利用剪刀捏、搓装饰物；学会在不同的物体上添加点缀的花纹；手部动作的灵活性与精确性也有较大的提高。幼儿喜欢用米团掐掐、捏捏，刻制成各种作品。

三、如何深入学习开展米塑活动

在课题的开展活动中，我对米塑也有了更多的理解，增加了对米塑的喜爱，为此我根据米塑的几种特点，创编了一首儿歌——《夸米塑》来更好地帮助幼儿对米塑形、色、用途的掌握及乐趣的体验："瑞安的米塑用处大；嫁娶、上梁都用它；多彩的颜色眼看花；逼真的形状值得夸；小朋友们来学它；捏个娃娃办家家。"唱着儿歌、做着米塑，孩子们在轻松的氛围中接受了本土文化，感受了本土文化，也享受了本土文化给他们带来的快乐。

快乐童心　唱响童谣

薛美美

童谣：点脚雷盘，盘到南山……

这样一首脍炙人口的民间童谣能否唤起对童年的美好回忆？这种感觉纯朴、自然，是每个人心灵中最真纯的本色。可是，什么时候这种本色褪色了？我们的孩子到底该沉迷于“老鼠爱大米”的粗滥无味还是重拾民间童谣的真纯朴实呢？到底什么样的教学策略在帮助孩子传承家乡文化的同时又能真正得到发展呢？在这里我不能说是谈自己的教育经验，而是与大家共同分享成功的喜悦以及探讨童谣教学过程中的点滴想法、做法。

一、选择、分析童谣，寻找合适的教材，以此培养幼儿对童谣的学习兴趣

根据幼儿的年龄特点和心理特征，在选材时要为幼儿选择篇幅短小、节奏感强、有一定韵律的童谣，就如刚才我们大家听到的童谣《点脚雷盘》，它就体现了一定的节奏感和童趣性。

我们选取了童谣《大沙洗沙》，这是一首以孩子的生活经验为基础的童谣，可孩子的生活经验却是一片空白。孩子问：“老师，什么叫半升米半升汤？什么叫阿梅吃底一夜到天光？”是的，孩子确实不知道。那么怎样帮助孩子更好地理解这首童谣呢？

我想到了借用“米筛”来帮助幼儿亲身感受淘沙，用量杯帮助孩子理解半升米半升汤中“半升”的概念，还与孩子们一起体验了煮白粥的情景。就是这样，我从易懂、易理解的角度出发引导幼儿体会童谣的真谛。所以，选材是整个童谣教学活动中最基础也是最关键的一步，选择合适的内容就等于活动成功了一半。

二、采用艺术化手段，培养幼儿对童谣的表现力

1. 以玩为先导，培养幼儿学习童谣的兴趣

在玩中求思，玩中育情，从而达到教学的目的。在童谣教学中，我先从玩入手，比如童谣《摆摆龙船》是以游戏的形式导入，两个幼儿一组，前后摇晃，模仿

划龙船的动作。

这样不仅激发了幼儿的学习兴趣，还将童谣教学自然而然地融入其中。

2. 运用音乐、舞蹈，让幼儿积极体会童谣

当然，有些童谣不仅仅是用来朗诵的，它们的韵律很美，配上相应的曲调更是让幼儿喜欢。比如歌谣《叮叮铛》，就是用音乐曲调和乐器相结合来满足幼儿好动的特点，让幼儿边唱边用形象的动作展示童谣的经典之美，帮助孩子充分感受童谣的艺术之美。

三、活动途径的挖掘和利用，以此弥补幼儿的失落情绪

很多时候幼儿会在活动结束时显得意犹未尽，但是由于时间的关系，我们不得不结束活动，从而截断了孩子们的兴趣。针对这种情况，我将活动通过以下几个途径进行延伸。

1. 娃娃家的表演活动

在玩“娃娃家”游戏时，幼儿扮演爸爸妈妈。在甜美的《催眠歌》音乐中，哄布娃娃睡觉，孩子们会说：“小宝宝，妈妈来唱催眠歌陪你睡觉哦；娃娃肚子是不是饿啦，爸爸，你快去给宝宝做饭呀。”等等。整个画面温馨又甜蜜，同时促进幼儿的社会性发展。

2. 营造浓郁的环境与氛围

我们知道，良好的环境对幼儿的成长有着重要的影响。因此，我们注重环境设计，丰富环境，利用环境对幼儿的熏陶，加深对童谣的理解。

3. 日常生活中的练习

将童谣融入到各年龄段的早间、午间休息等自由活动的时间。小朋友自发表演童谣时的情景，每个孩子都能全身心地投入游戏，真正体现出——“我童谣我快乐”的情境。

四、班级活动的表现形式

为了增加幼儿学习童谣的趣味性，我们在不同的年龄段举办了“你讲、我唱，唱响童谣”活动。

孩子们不仅能念出一段段用方言讲述的童谣，还自发创编了动作。殊寒小朋友说：“老师，燕儿燕儿飞过殿儿用这个动作美吗？”……当然，我们的活动是离不开家长的支持与配合的，就如“爸爸妈妈和我齐唱瑞安童谣”的活动，得到了家长的大力支持。

我们还将活动带到了华侨新村社区，开展“童谣天天唱，快乐伴成长”——我与社区爷爷奶奶共唱童谣的活动。活动得到了社区老人的高度评价，他们对幼儿会念这么多家乡童谣表示惊讶，觉得老师在这方面的教育也很成功。

在小班开展“民间米塑”活动的尝试

孙映丹

米塑是瑞安地区独有的民间传统艺术，它孕育着博大精深的传统文化，具有鲜明的艺术特色和生活情趣，是瑞安古文明精神文化的象征，是块珍奇的艺术瑰宝。但从电视报纸等媒体中，我们不难看出这块宝物正在逐渐消逝，精通的人越来越少，这不能不让我们痛心。在面临艺术失传与流散的形势下，我们认为弘扬本土优秀的特色文化是更有必要的。

小班幼儿正处在人生求知欲望最强的启蒙阶段，倘若能紧紧抓住幼儿的心理特征，不失时机地进行文化的教育，对培养幼儿热爱家乡和树立家乡自豪感具有重大的作用。因此，我们从小班入手开展了米塑活动。

一、确立目标，有计划地开展活动

1. 通过欣赏米塑作品，感受并喜爱米塑，知道米塑是我们家乡传统的民间工艺之一，有着悠久的历史，萌发幼儿热爱家乡的情感。

2. 初步认识、了解米塑品的制作工艺，尝试用掐、捏、刻、扮等方法进行简单的塑造活动，体验想象、表现与展示作品的乐趣。

3. 积极参与米塑活动，能大胆运用语言、表演、创作等多种形式表达自己对米塑的理解与体验，感受表现与交流的快乐。

二、共同收集米塑资料，初步了解米塑

由于小班幼儿年龄小，独立收集资料能力不够，因此我们巧用家长资源，发动家长协助幼儿留意有关信息，走访相关人物，收集有关书籍、图片、实物，拍摄有关制作等，以供欣赏和使用。并利用收集到的资料布置相应的活动区域，让幼儿亲近米塑，随时摸、看、玩，初步了解米塑，激发幼儿对米塑活动的兴趣。

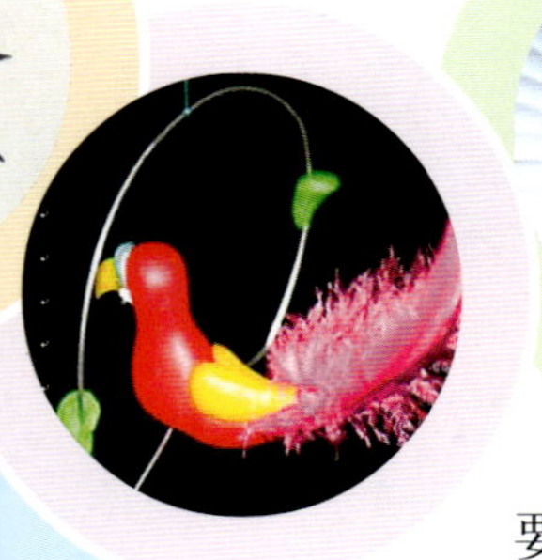

三、注重选材，鼓励幼儿大胆探索，感受制作米塑的乐趣

苏联教育家苏霍姆林斯基曾说过：“在人的心灵深处，都有一种根深蒂固的需要，这就是希望感到自己是一个发现者、研究者、探究者。而在儿童的精神世界中这种需要则特别强烈。”作为教育者应多创设探究的机会，选择适宜的活动，让幼儿感受到成功的喜悦。3~4岁的幼儿知识、经验贫乏，手指力量小，容

易疲劳，所以，首先，要注意活动的游戏性、简易性。在幼儿的米塑活动中，我注重设置一些游戏情境，让幼儿去探索，在不知不觉中完成达成教育教学的目标。如：在“多彩米塑”的活动中，我鼓励幼儿根据自己的意愿做喜欢的物体，在把一块块米塑材料做成各种物体的过程中，幼儿学会了各种技能。其次，注意活动内容的多样性和丰富性。当幼儿学会熟练的技能后，我运用情境游戏的方式展开活动，避免幼儿在学习时感觉枯燥。如：在制作水果米塑时，采用小兔家的房子搬迁了要庆祝，可是需要的米塑水果不够，请幼儿来帮忙，这样既结合了米塑的用途又富有游戏性，幼儿的兴趣得到了大大的提高。幼儿慢慢地不满足于做些简单的物体，于是我又通过“米塑大比拼”的方法让幼儿各自发挥，并合作运用自己的作品表演故事。孩子们学习情绪高涨，经常在晨间、饭后、区域活动时间聚在一起玩游戏，充分体验到米塑活动带来的快乐。

四、创设浓厚的艺术氛围，激发幼儿制作兴趣

首先，根据小班孩子对新鲜事物特别感兴趣的特点，在区域活动中投放米塑的材料，在环境中布置米塑的相关作品，让幼儿身临其境，诱发其热情和兴趣。其次，有意识地让孩子欣赏各种各样的米塑作品，如戏曲人物、福娃作品等，在欣赏时采用整体到局部的观察方式，使小班幼儿对事物的观察能力得到较快的发展。再者，让孩子们欣赏大班哥哥、姐姐留下的米塑作品，并告诉小朋友：“这些都是小朋友们自己做的！”在小朋友啧啧称奇声中顺势引导：“只要努力，我们也可以做出这么漂亮的作品。”以此激起幼儿对米塑活动的兴趣。最后，邀请民间艺人来园做米塑，让幼儿真切地看到米塑的制作过程。这样浓厚的氛围环境，使幼儿在潜移默化的熏陶影响中产生制作的愿望。

五、遵循幼儿特点，运用科学方法，充分调动幼儿参与活动的积极性

小班幼儿的学习是带有情景性、游戏性，根据小班幼儿的特点，我设计了“在玩中观察、在情境中产生兴趣、在鼓励中创造表现”的活动模式，努力使米塑活动更富趣味性，使学习变得更为轻松、愉快并有吸引力。如：为了让幼儿了解米塑的由来，我设计了“好玩的米塑”活动。先是出示米塑寿桃吸引幼儿，然后创设情景，运用各种鲜明的米塑道具表演故事，孩子们深深被活动所吸引，久久沉浸在这与众不同的米塑带来的震撼中！有些孩子私下里讨论着：这个是什么，我怎么没有见过？这个可以吃吗？孩子的疑问将活动推向了高潮。活动中孩子们更是围绕“米塑是什么做的”展开了热烈的讨论，对米塑的制作材料有了特别的印象。通过这些说说、看看、摸摸的过程，孩子们的经验得到了提升，知道了米塑是我们瑞安独有的，激发了他们热爱家乡文化的情感。

六、展示幼儿米塑作品，让幼儿体验成功的喜悦

展出自己的作品是孩子们最快乐的时候，每当新作品展出时，孩子们就会迫不及待地对同伴或父母骄傲地说：“瞧！瞧！这是我做的！”看着他们自豪的神情，我们完全可以相信他们的下一个作品将会更好。我还经常有意识地将幼儿的作品和民间艺术家的作品、老师的作品陈列在一起让幼儿欣赏；有时还和孩子们一起，用他们的米塑作品来装饰教室，这样不仅激发了幼儿对米塑的兴趣，让他们更加自信、努力地完成更多更好的作品。同时，也使幼儿感受了家乡米塑的文化，增强了幼儿热爱家乡的自豪感。

亲亲瑞安　茶是家乡浓

余蓉

《幼儿园教育指导纲要（试行)》在儿童观、教师观、发展观、教育过程观上，向我国传统的幼儿教育提出了挑战。我园在长期探索的基础上，进行了“亲亲瑞安”园本课程的开发。本文系统地阐述了园本课题下主题活动开展的方法、组织与实施，同时也记录了我们在课题实践过程中的反思。

一、主题活动的生成

（一）生成方法

1. 教师预设

预设，其实就是由教师基于对总体教学目标的理解，以及对孩子已有经验、能力的了解和对孩子潜在水平、兴趣的预测，对主题提出一系列的假设。在主题活动中，我们预设了参观活动：亲亲茶园；科常活动：香醇的清明早茶；音乐活动：一起采茶去。

2. 自发生成

由于主题活动是过程取向的，它强调学习者与具体情景的交互作用。在收集茶制品的过程中，我们充分运用了探究性的学习方法，让孩子与家长一起去超市寻找茶制品，也把众多的问题抛给了父母。孩子们反应很积极，他们提供了各种茶制品，有茶饮料、茶果冻、茶点、茶香皂、茶牙膏，等等。此时，一孩子突然提出一个问题：“老师，茶叶蛋是茶制品吗？”我敏感地捕捉到衍生的问题，即可开发的子题“香喷喷的茶叶蛋”。

3. 师生互动

为了让幼儿真正学习采茶的动作技能，体验到采茶的乐趣。于是，我们组织了一次“亲亲茶园”采茶活动，带领孩子到茶园去，零距离地体验这一过程，孩子们这才体验到了采茶的喜悦心情，掌握了采茶的技能。

（二）生成过程

先是在各种地方特产中选择幼儿感兴趣且与幼儿生活紧密相连的“清明早茶”，预设生成了活动“亲亲茶园”、“香醇的清明早茶”、“一起采茶去”、“我是小茶农”等，又在与孩子们互动和孩子们自发活动中生成了“香喷喷的茶叶蛋”、“超级茶叶变变变”、“茶园采茶”等活动。

（三）组织与实施

1. 教学活动

参观活动“亲亲茶园”，让幼儿畅所欲言，各抒己见，大胆提出自己在参观时发现的问题；科常活动“香醇的清明早茶”，我们在教室里贴满了各种茶图片，将孩子们带来的各种茶叶展示出来，孩子们被这些形态各异的茶叶所吸引，经常趴在墙边欣赏、议论。教师作为一个倾听者，捕捉孩子关心的问题，了解孩子对茶叶的现有经验……

2. 班级环境创设

“图片资料展示”的图片色彩起到了美化的效果，幼儿能从图片的观察中回忆自己的学习内容，同时活动时留下的剪影又丰富了整个墙饰。我们把孩子们带的各种茶叶展示在科学区，让孩子们通过看一看、闻一闻来发现各种茶叶形状、颜色、气味的不同；在操作角摆放了清明早茶、茶壶、热水壶，让孩子在老师的协助下泡茶、品茶；在阅读区增加了一些孩子们带来的有关茶的图书。孩子们尽情地享受着这个神秘多变的地方给他们带来不断的惊喜。

3. 家庭教育资源

有的家长利用工作之余从网上下载并打印了许多图文并茂的图片资料，有的家长则放弃自己的休息时间，自发带孩子去茶园参观。我们还请一位家长帮助联系茶园，带领我班幼儿参观了营前乡洪地村茶园。在参观过程中，正是由于有了家长的积极参与和热情讲解，幼儿显得兴致勃勃，参观效果显著增强。

二、主题活动的阶段性思考

1. 教师的教育观念与教育行为之间存在差异。教师们往往是在活动后的反思中，想到了应该怎么做。

2. 教师自身的素质尚需提高。在活动中，老师们感觉到自身的知识还远远不够，尤其是关于物理、地理、天文等方面。

3. 教师活动设计开拓性思路不够。活动设计过程中，教师预设的东西太多，孩子生成的东西则少得可怜。教师需要有敏锐的课堂捕捉能力。

4. 家长对课题的认识观念还不统一。受社会大环境的影响，有一部分家长的观念还相对滞后，停留在“重知识技能的获得，轻情感、能力的培养”。这需要整个教育界乃至整个社会的共同努力。

利用本土名胜古迹开发主题活动的尝试与研究

尹颖颖

一、问题的提出

陈鹤琴先生曾说："大自然、大社会是一本无字的书、活的书，是我们的活教材、活教师。"因此在教育活动中，许多教育内容都来自于美丽的自然环境，自然环境是对幼儿实施教育一种外显的教育因素。

利用本土名胜古迹设计幼儿园主题活动中的尝试和研究。这就要求对本土名胜古迹进行整体、系统和深入的研究，寻找本土文化教育与幼儿发展相结合的良好途径，筛选出大量适合幼儿园开展的本土文化教育的内容，将其与幼儿园教育、教学的各个领域整合起来，实现教师与幼儿、与课程的共同发展、共同成长。

二、通过各种途径开展瑞安名胜古迹主题活动

1. 通过资料搜查、集体探讨的方式制订活动方案

老师分工协作，分别搜集有关的资料，比如：蔡丽颖老师到瑞安高速路口处拍摄瑞安名胜古迹宣传墙；温小芸老师联系玉海楼管理处咨询有关情况；李慧老师制作幻灯片；潘慧芳老师向民间老人了解名胜古迹的历史；柯哲华老师去电视台借阅《瑞安风光》的宣传片；等等。并设计了相关主题活动："瑞安名胜古迹"、"隆山塔"等。

教师在反思研讨中发现：教师对名胜古迹相关资料的了解不够透彻，如：对名胜古迹的定义和特点等。我们认为瑞安名胜古迹的内容虽然相当丰富，但受课时限制，在教学中不可能全部讲授，因此，应选择有代表性的内容来开展活动。

2. 遵循活动性、发展性原则，争取家长的支持与配合，实施活动方案

在"玉海楼"这一主题活动中，首先，我们让幼儿和家长一起去收集有关玉海楼的图片、资料等；在幼儿对玉海楼有初步了解的基础上教师再次带领幼儿去参观玉海楼，通过专业讲解员详细地

讲解及教师生动的引导让幼儿感受玉海楼在建筑、环境、内部摆设方面的与众不同；然后，通过绘画玉海楼、图书制作“我游玉海楼”、“我眼中的玉海楼”拍摄活动、图片展览等系列主题活动的开展，这样，孩子们对玉海楼有了较深的认识。在活动中，孩子们从“被动学习”转为“主动探索”，从“一无所知”到“深入渗透”，孩子探索研究的兴趣非常浓厚。特别值得一提的是我园大一班，该班的家长对此次活动深表支持和赞同，其中10位妈妈和她们的孩子利用周末和晚上的休息时间，制作了“玉海楼鸟瞰图”模型，该模型长1.6米、宽1.2米，从玉海楼的外型结构及内部设施布置全部根据实物创作，非常逼真；另外由中一班林渊震爸爸带头制作的“隆山塔”模型也非常形象。这该两个模型在幼儿园展出后引起了全园及家长的很大凡响，大家在惊叹手工精湛的同时也对这些家长对幼儿园活动的支持抱以敬佩和赞赏，这对接下来活动的开展起到了良好的榜样和示范作用。

3. 充分挖掘乡土资源中的教育因素，随机组织灵活多样的活动

在庆祝元旦“亲亲瑞安、浓浓乡情”玉海广场系列活动中，我们教师和幼儿共同参与编排的节目有“夸夸瑞安好风光”、“隆山塔时装秀”等。其中最受欢迎的要数我们在玉海广场喷泉边的瑞安特色角之一“游历名胜、情牵瑞安”，我们布置了一个展台，有相关的文字、图片版块介绍，有“玉海搂”和“隆山塔”实物模型，还有三个穿着唐装的男孩子拿这话筒作讲解：我们瑞安的玉海搂由清光绪年间孙诒言、孙诒让父子建造，是浙江四大著名藏书楼之一……孩子们稚嫩细心的讲解吸引了一大批路人，他们纷纷点头夸赞，认为在当今时代加强对孩子“了解家乡，热爱家乡”的情感教育非常有必要，瑞安电视台和瑞安报社还对该特色角进行专题拍摄采访。

此外在幼儿园举行的春游和亲子活动中，引导幼儿了解该地方的历史和特点。比如：在隆山塔春游的时候，带着孩子们事先的疑问和困惑，老师对此进行一一讲解和引导，让孩子们真真切切的走近隆山塔，充分感受其悠久的历史文化，培养他们爱家长、护家乡的情感。

利用本土名胜古迹，开展探究性主题活动，不仅培养了幼儿发现问题、解决问题的能力，更增强了幼儿自主学习意识、合作意识和创作意识。它鲜明地体现了“一切从幼儿的实际出发”。把教育与生活有机的融合在一起的一种生动、活泼、主动活动的教育过程，是一种促进幼儿全面发展的有效途径。

论本土课程教育中家长资源的利用

应玮清

一、发现问题

在幼儿园开展省级课题《"亲亲瑞安"本土课程资源的开发和整合》研究以来，我们课题组成员调整思路，吸纳我们最有力的合作伙伴——家长，来参与我们的课题实施。

通过一年来的教育实践，我们惊喜地发现家长资源的利用不仅能弥补教师资源的不足，而且对幼儿发展的影响是其他教育环境所不可比拟的，它正显示着新的活力。

二、本土课程教育中家长资源利用的策略与方法

"任何一种教育都离不开家庭教育的配合。"为此，我们针对家长的资源利用和教育配合，使家长和幼儿产生互动，促进共同发展，我们采取了一些具体的策略和方法。

（一）密切家园联系，统一思想

首先通过家长会、讲座、滨幼网站等多渠道的宣传，了解我们课题研究的集体内容及教育作用，让家长认清自身的教育作用，认识到自己对于幼儿来说就是一大教育资源，会潜移默化地影响着幼儿。因此，我们引导家长深入了解瑞安的本土文化，一起挖掘其中具有教育价值的课程资源，在挖掘过程中家长的自身素质得到了提高，而且发挥了积极的教育作用。如：收集瑞安童谣资料中，我们发动家长利用各种方法向长辈、邻居、朋友等咨询，收集到最真实的瑞安童谣。在这过程中家长们了解了我们瑞安童谣朗朗上口、通俗易懂的特点，还体会到童谣中的文化内涵，从而带动孩子共同收集、学习，弥补了幼儿园教育的局限化。

其次，让墙壁"说话"。在幼儿园大门口及内廊橱窗上定期刊出我们各主体活动的阶段性成果、幼儿

实践活动照片、教师心得、家长反馈等，让每天来接送孩子的全体家长参阅观看，了解我们课题实施的进程。同时利用家长的反馈来激发家长的参与，体现家园共育的局面。而各班教师可根据自己班的特色和活动主体思想，和家长共同布置教室墙面及幼儿园环境，体现本土的内容和知识，供家长参与收集和学习。

（二）发挥家校作用，提高合作意识

我们利用家长委员会中一批高素质、高配合的家长，来改变其他不理解、不配合的家长的思想工作，使更多的家长和我们站在一起，共同为幼儿的教育而努力。

此外，我们的家长委员会还起着示范榜样的作用，用他们的绵薄之力来激发更多家长参与幼儿园实践活动的主动性，提高合作意识。如“阳光家长”评选活动，就是借这平台让更多的家长来参与我们幼儿园的活动，使更多的孩子、家长在合作中受益。

（三）家园互动，推动课程改革

1. 参与主题的生成

我们通过园刊《彩虹桥》向家长详细介绍了课程改革的动态、主题活动、生成课程。并让家长观察孩子的兴趣点，当有好的想法时可在家园联系本上记录。在主题开始前，我们通过倡议书、家长问卷等形式了解幼儿的基本情况。例如在“端午风情游”主题活动开始之前，我们设计问卷让家长填写对端午风俗了解的程度以及对主题开展的建议，其中有一位家长就提议让孩子学包粽子，这位家长的建议让主题添色不少。如，我们在《民间艺术》——欣赏阶段，我们倡议家长帮助收集大量艺术作品，一起参与民间艺术主题活动。

2. 帮助主题的开展

我们将主题活动的开展设计成一份表格，详细介绍了主题活动的环境创设、区域创设、所需物品等，让家长了解我们的需要。例如“瑞安特产”主题活动中，为了使教学和生活实践相融，需要家长配合我们和孩子一起参加社会实践活动，他们陆续走进李大同作坊、甘蔗地、芦笋山、索面厂等农产品生产基地，观看制作过程，亲身感受到劳动人民的辛苦。活动后黄其通

家长深有感触地说——在实践活动中与孩子互动交流，也体现一种爱，更体现一种快乐！我认为学习就是追求一种过程，在过程中完善，在过程中提升，体验过程探索中的快乐，取得成绩的快乐！

3. 协助主题的反思

有了家长们的支持，我们的本土课程主题活动才能开展得有声有色，乐趣融融。在主题活动进行了一个阶段后，我们和家长共同反思："主题活动开展到现在有什么地方很好？""什么地方觉得还不够？""您有什么想法？"等等。

我们还利用"家长说"这个活动，让家长们谈谈主体开展后的感想，从中也能让其他的家长和老师得到启发，如："瑞安童谣"主题活动后吴起家长的一段话让我感触颇深，也道出了我们课题研究的中心思想——"越是民族的，越是世界的"，一个国家是不能没有民族特色的，一个地方也不能没有自己的地方特色，这些方言童谣是我们生活的缩影，是人们智慧的结晶，是一个地方的文化内涵。童谣在唤起我们童年的回忆的同时，也让我想到了祖先留给我们的精神财富，这些宝贵的精神财富值得我们发扬光大！

三、本土课程教育中家长资源利用的实施效果

1. 平等合作，增进了家长参与幼儿园教学活动的热情。

2. 资源共享，丰富了教育资源，拓展幼儿全面发展的空间。

3. 优势互补，创新家园活动的合作方式。

综上所述，在本土课程的开发中家长资源的利用是课程的需要，也是切实做好家园协同教育的需要，更是传承、弘扬瑞安文化的需要。

如何让环境说话

蔡丽颖

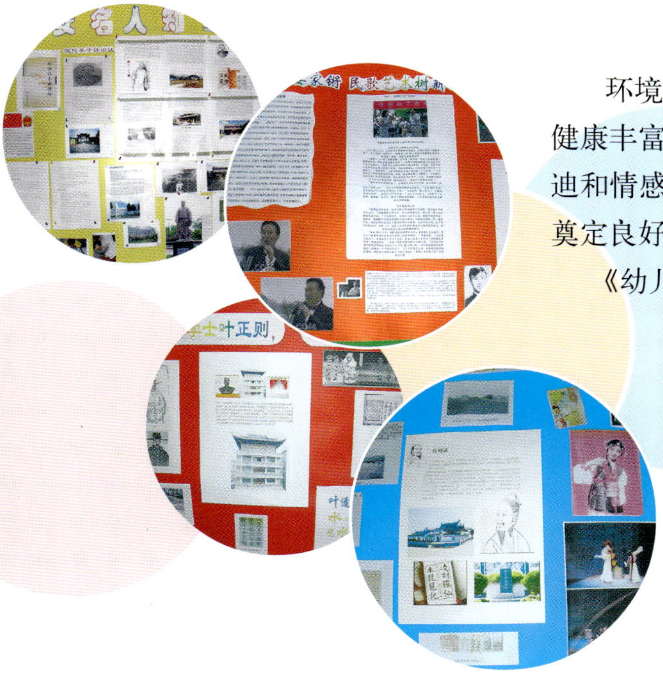

环境教育已经成为现实教育目标的重要途径。可见，健康丰富的园所环境，对满足孩子运动、交往、探索、启迪和情感表达是十分重要的，也为素质教育的顺利实施奠定良好的基础。

《幼儿园教育指导纲要》中指出：“幼儿园应为幼儿提供健康、丰富的生活和活动环境，满足他们多方面的需要，使他们在快乐的童年生活中获得有益于身心发展的经验。”环境说话，“环境是我们的第三位老师”。经过良好设计的环境，可以起到暗示作用，也可以起到诱发幼儿的积极行为作用。而环境的作用是潜移默化的，是不断重复的，所以其效果往往要比教师的言传身教来得更实在。

一、环境的创设

活动室的环境要开放、安全、利用充分，我班两位教师就精心构思活动室的每块可利用墙面、每个角落，充分利用空间，让活动室环境处处成为孩子创造表现的天地。

如在课题“瑞安的名胜古迹——利济医学堂”里，我们让幼儿通过收集有关的材料，让家长带幼儿去参观拍照，把拍到的照片带到幼儿园来进行讲解、讨论并布置教室，在这活动中我们又生成了“标本”这一课题，这来源于利济医学堂里的标本，幼儿对标本有着浓厚的兴趣，我们让幼儿利济医学堂的标本种类及制作的方法，让幼儿自己制作标本来打扮我们阳台上的作品展示台，使这个展示台里的东西更为丰满。在实施“瑞安的名人”活动时，我们在认识每位名人前让幼

儿回家去收集有关这些名人的事迹及照片，并把自己知道的情况打印出来带到幼儿园，布置我们的教室。如在认识我们的曾联松爷爷是怎样设计国旗的，并生成各国的国旗这一个活动。小朋友收集了有关国旗的图片并用来布置环境。这样在幼儿了解了各国的国旗的同时，也丰富了我们的环境。

还有，如“瑞安名人知多少”活动中，我们认识了瑞安的体育名将夏煊泽、周小菁后生成“我为奥运加油”活动，最初发起和参加该活动的只有几个小朋友，但随着比赛的进行，小朋友们对奥运会的喜爱迅速提升，这些小朋友表现出的热情、专注以及体验成功时的愉悦情感，潜移默化地影响着其他幼儿，大家一起参与到他们这个活动中。在整个活动中，孩子们分工合作，相互支持和启发模仿，形成了一个学习共同体。在探索型主题在探索型活动中，我们深切地体会到作为老师要努力为幼儿创设一个动态的、互动的教育环境。所谓动态性，就是环境能随着幼儿的兴趣和需要不断变化。所谓互动性，就是能让幼儿在与环境的交互作用中获得更多的经验。因为环境要与孩子互动，所以我们与孩子一起创设的环境最好能与孩子的视线相平，这样会更加便于孩子间的讨论、交流，从而他们会发现更多的问题。

版面设计包括主题名称和与各主题知识内容相关的图片、照片等。幼儿随即观察，随即学习，互相交流，收益匪浅，其乐无穷。具体做法是：每更换一个主题，版面内容设计将随之变换，方式灵活多样，内容丰富多彩。

二、材料的投放

区域活动中，材料是幼儿活动的对象，与幼儿的年龄特点、经验、能力和需要相适应的材料能激起幼儿对学习的主动性，使他们在没有压力的环境中主动观察，发现问题，独立思考，解决问题。因此在准备、选择、提供操作材料时，我们根据幼儿兴趣和发展水平进行投放。皮亚杰提出：“儿童的智慧源于材料。”区域活动的教育功能主要通过材料来表现。区域活动材料越丰富，形式越多样，幼儿在操作过程中就会变得更聪明、自信、大胆。而利用废旧物品就成了很好的丰富区域材料的形式，如我班的美工区，通过老师、家长来共同收集材料，树叶、鹅卵石、牙膏盒、橘子皮等让幼儿制作成树叶粘贴画、叶子拓印、制成“标本签”……孩子们在随心所欲的玩乐中得到了自由的体验和创造的乐趣，也提高了想象力和合作能力。幼儿参与制作，动手能力进步了，创新意识增加了，环保意识提高了，也更喜欢玩区域活动了。

丰富多彩的区域活动有利于幼儿个体的充分发展，幼儿可以根据自己的兴趣、爱好及能力、水平自选活动，既没有任何心理压力，不受约束，获得充分的活动机会，又增进了交往，发展社会性，还能有效地避免幼儿以往自由活动时出现的无所事事、追逐打闹等不良现象，有利于提高幼儿自由活动的效率，规范幼儿的行为。

让民间童谣伴着孩子快乐成长

李秀芳

一、抓韵味，发展幼儿语言能力

由于童谣的形式简单，内容形象生动，讲究音韵和节奏，且语言浅显、明快，通俗易懂、朗朗上口，富有情趣等，便于幼儿吟诵和记忆。据国际儿童文艺心理学的测查，从幼儿呀呀学语时开始，就让他学听铿锵有力、节奏分明、韵调优美、语言有趣的童谣，形成习惯后，孩子们就掌握了一定的背诵能力，使他很快地学会咬字、吐音、措词、拿腔、用调、断句、表意的本领。如我们本地童谣《问姓谣》："梅梅，你姓阿尼？我姓金。阿尼金？黄金。阿尼黄。阿尼草？青草，阿尼青？万年青……"这个童谣就是要求吐词清楚，其中一问一答，断句简单，顶真的修辞可以让小孩子在念唱的时候学习语言能力，并且辅助于脸部表情的变化，更加有利于内心意思的表达。童谣的声韵自然活泼，音乐口语化。因此喜爱说童谣的幼儿学话快、准，思维敏捷，长大后能言善辩，口齿伶俐。可以说，童谣是培育孩子口语能力的最佳教材。

在传唱童谣的活动中，我要求幼儿从自己收集到的瑞安童谣中选择出最喜欢的童谣介绍给同学，这样幼儿可充分发挥自己的主动性，在丰富的童谣世界中遨游，同时对语言的兴趣大大增加。有的幼儿胆量小，就选择简单的来进行吟诵。如《摆摆龙船》："摆摆龙船，糯米汤圆，白来金，摆来银，摆来铜钱娶新娘。"孩子们一边拍手一边大声朗诵，兴趣十分高涨。

二、抓内容，开启知识之窗

童谣作为语言艺术的一种，简练，有趣，更易于幼儿欣赏、接受和效仿。而且，童谣的短小精悍，可以让幼儿平时传诵，所以童谣最符合幼儿教育的要求。比如童谣把眼前身边最生动的事物放到童谣中说唱，使孩子们很快熟识了周围的生活环境和外面的世界，记牢了各种数字、气节、动物、植物、风俗和大自然景象。如我们本地童谣："正月灯。二月鹞。三月麦秆作吹箫。四月四，做做戏。五月五，过重五。六月六，晒狗畜。七月七，巧食喜鹊咄。八月八，月饼馅芝麻。九月九，登高送娘舅。十月末，水冰骨。十一月，吃汤圆。十二月，糖糕印状元。"在这首童谣里，串联了很多事物，但是并不难记忆，因为轻巧的节奏，使孩子们乐于背诵传唱。通过对童谣的学习，逐步感受民间童谣的魅力，初步培养小班幼儿对民间文学的兴趣。

三、抓形式，提高幼儿表现能力

以游戏的形式导入，在童谣的伴奏声中，编一些游戏动作，然后两个或更多的小朋友一起玩。这样的游戏过程，既教学了童谣，又锻炼了孩子们的表演和合作能力。此外，传唱童谣是一种非常好的沟通方式，它不单有助于孩子宣泄情绪，更是孩子与孩子之间进行心灵沟通的钥匙。它给幼儿创造了更多的交往机会，可以改变个别幼儿孤僻、寂寞、抑郁等不良情绪，还能改善优柔寡断、缄默孤独和迟钝胆怯的性格弱点，并使孩子的情绪及时得到调节，促进幼儿建立良好的人际关系。

四、抓体验，培养审美能力

语言，特别是文学语言具有很多的想象因素。如本地童谣《月光光》，光看题目，就可以给幼儿无尽的想象空间。在引导幼儿欣赏之前，可以让幼儿自由想象，尽情表达自己的想法，给幼儿自由地表现美的空间。这样一来，就引起了幼儿欣赏美的兴趣，给他们提供了一个比较和模仿的机会。又如本地童谣中的《燕儿》："燕儿，燕儿，飞过殿儿。殿门关，飞过山；山也平，飞过山下打虎铃；虎铃打到鲤鱼滩，鲤鱼娶亲，蛤蟆拜经；田鸡送情人，姜太公作媒人。苍蝇打锣嘭嘭响，虎蚁抬轿头皮涨。抬到雀儿桥，雀儿呐喊叫；抬到络麻园，络麻踏爻完。"有了想象这一味调料，才能创造出更美的语言。

五、抓艺术，提高综合素质

语言本身就具有音乐性，音乐性是指语言的节奏感和旋律美等富于音乐效果的特性。而民间童谣这一语言文学形式，就是以其跳跃、轻快的节奏吸引人，将其和音乐、节奏结合，能更淋漓地表现它的特色。在幼儿会朗诵童谣的基础上，我们配以相符的旋律，编排适合小班幼儿的动作和童谣内容相符的动作，将之加工串联成舞蹈。如：我在教《吃馄饨》这首童谣时，先让孩子们学会念童谣，然后配上音乐，再把这首童谣排练成舞蹈，最后还将这个节目于2007年元旦搬上舞台去表演，收到极好的教学效果。 其实，童谣本身就是一个很强的纽带，它和舞蹈、绘画等艺术有着很深的关联，从小传唱童谣有助于孩子音乐素质的培养，还可以提高孩子的综合素质。因此，培养孩子的艺术创作从童谣开始最理想，也最符合孩子的天性。学习童谣不仅妙趣横生，而且童谣的情感、音韵、意义自然被幼儿接受理解，还能增强他们的表演欲，大大提高幼儿的艺术素养。

今后，我们在本土文化资源中还需发掘更多的幼儿教育资源，让我们中华民族的文化精髓从祖国的幼苗开始不断传承、宏扬和发展，让幼儿在学习活动中回归自然、一展童贞的天地，身心得到全面和谐的发展。

在幼儿园开展民间游戏的实践点滴

柯芙蓉

一、民间游戏内容的确定、选择

（一）广泛收集幼儿民间游戏

幼儿自发自由的游戏过程渐渐被浓缩为一个开关，一个按钮。对此，首先，我们向家长宣传民间游戏在幼儿发展中的重要性，引导家长对民间游戏形成正确认识。其次，通过家长调查表收集民间游戏素材，并请家长收集、制作民间游戏的玩具。再次，我们与家长相互交流自己小时候玩过的民间游戏，并主动请教老一辈的阿公、阿婆们，在原有资料的基础上进行补充和梳理。幼儿也加入到收集民间游戏的活动中来，最后，把收集到的民间游戏素材记录下来，并进行初步的交流、汇总。

（二）精心筛选幼儿民间游戏

我们对收集到的第一手资料进行进一步筛选和整理。在筛选时，我们充分注意到选择一些积极健康、寓教于乐、适合幼儿年龄特点的民间游戏。然后对精心筛选的民间游戏装订成册，发放给各个班的老师，并发布在幼儿园的班级主页上供家长参考学习。

（三）根据幼儿的实际，对民间游戏进行适宜的改编与创新

如：《荷花荷花几时开》这个问答游戏改编成体育游戏。问的时候幼儿手拉手围成圆圈走，答的时候马上蹲下。幼儿在一问一答的游戏过程中既巩固了知识又有了运动的机会。

（四）应有效地组织民间游戏，成为适合幼儿的活动

1. 在游戏场地方面，在室外，我们做了一个架子，而且画上一些格子，这样幼儿在离园或者晨间户外活动时就可以自由自主地玩“滚轮胎”、“跳房子”等游戏。

2.游戏材料方面应做到保持一定的新颖度和一定的连续性。如民间游戏“抬轿子”，原本是两个小朋友相对，俩人双手相互交叉，让另一个小朋友坐上去。由于此游戏存在着一

定的危险性(幼儿会摔下来)，我们就自制一顶轿子(用大纸盒来做)，让幼儿坐在里面（脚落地)，另两名幼儿就可以抬着玩了。这样，既保证了幼儿的游戏体验，又保证了安全。

二、民间游戏在幼儿园区角活动中开展

在阳台上我们布置了“民间游戏玩具区”，投放了多种民间游戏玩具，如“铁环”、小沙包、柿子核、蛋珠、洋牌、稻草、毽子、绳子等。由于活动室的场地不够，我们便利用墙壁这一资源，使得我们的墙壁也能“说话”。

如“民间翻绳区”，我们收集大量的相关图片并进行装饰布置成一个版块粘贴于墙上，并提供绳子，让幼儿自己看着图片去操作。

“民间游戏图片区”，我们还把收集到的多种民间游戏的图片布置成墙饰，加深幼儿对一些民间游戏玩法的了解和激发幼儿玩民间游戏的兴趣。

三、幼儿民间游戏在幼儿一日活动中开展

（一）民间游戏在幼儿一日集体活动中开展

针对民间游戏如何与幼儿园日常教学活动相结合这一问题，我们从民间游戏区域活动的开展中获得了一些启示：第一，应以幼儿的兴趣为出发点，做到预设和生成的有机结合。第二，民间游戏的游戏形式可充当预设活动的桥梁。

小班游戏“扔沙包”，我们分组把沙包给每位幼儿，计数看谁扔得多、扔得远，这样5以内的数序，远近比较，轻轻松松就被幼儿接受了。

（二）民间游戏在幼儿一日自由活动时间中开展

幼儿在幼儿园的一日活动中有许多自由活动时间，如幼儿课间、午饭后、点心后、离园前。在各个环节的过渡中，就可以准备一些如“翻绳”、“找东南西北”、“翻壳”等活动供幼儿玩。如来园时，教师在营造温馨的环境的同时，为其准备一些发展小肌肉或手眼协调能力的民间游戏，如“抓子”、“拍柿子核”等，可以使幼儿在游戏中获得愉悦的心情和体验。又如离园，在保证安全的同时，让幼儿学会安静、有序地离开活动室，教师可为其提供“弹蚕豆”、“拍手游戏”等。这样不仅使幼儿一日活动的各个环节过渡自然，同时减少了幼儿排队和等待的时间，体现了动静交替的原则。

四、教师在民间游戏活动中应给予有益的指导

1. 民间游戏活动中的教育目标应是潜在的和有弹性的。
2. 教师是幼儿民间游戏的合作者和引导者。
3. 在民间游戏活动中教师既要保证幼儿的游戏性体验，又应认识到幼儿的自由是相对的。

浅谈瑞安本土特产课程的开发和利用

舒丹

一、利用本土文化，开展主题教育活动

在“家乡的土特产”的方案教学活动中，我通过各种途径让幼儿了解家乡的土特产的品种、作用和制作过程等。让幼儿感到生长在瑞安是无比光荣和自豪的，从而激发了幼儿爱祖国、爱家乡的情感。

在活动中灵活运用参观观察、课堂教学、游戏活动、信息交流、社会实践等多种方式，让幼儿在活动中学习，在学习中活动。其中，参观观察是引导幼儿有目的地运用多种感官去感知周围环境（物质世界）的一种活动，包括视觉、听觉、嗅觉、味觉、触摸觉等多种感官活动，使幼儿获得最直接、最具体的经验。社会实践法，是指幼儿运用手、口、身体等多种感官进行各类实践活动。如：种植饲养活动、科学实验法等。信息交流法，是指幼儿运用语言、图片等形式来表达自己在活动中的发现，交流自己的认识过程和情感过程，包括课堂教学、游戏活动、参观展览时的交流等。

二、设计适合幼儿需要的本土特产活动

在“亲亲茶园”活动中，我们邀请家长共同参加，并介绍活动内容，家长与教师一同解答幼儿参观中遇到的问题，请专家介绍茶园的情况，幼儿进行拍照、记录。在“香醇的清明早茶”活动中，师生共同查找、阅读资料，了解有关清明早茶的知识，师生共同探讨清明早茶的特征。在“一起采茶去”活动中，我们将请幼儿观看直观形象的采茶情景图，感受音乐，体验爱劳动、爱家乡劳动人民的美好情感，在欢快的音乐曲中学习掌握采茶的动作技能。在“快乐亲子茶”活动中，请幼儿积极讨论泡茶的方法、步骤、注意事项，并认真观察茶叶在泡

制过程中的变化等。

三、充分挖掘利用社区资源，实施园本化课程

“园本化课程”就要体现一个“本”字，以园情为本，以教师的专业化程度为本，以园长自身的认识水平为本，以本地区的家长状况为本，其核心是本园儿童发展的现状、发展的特点、现实的需要和生长的环境，其产生的过程是需要教师挖掘现有的教育资源。幼儿的成长离不开家庭、幼儿园、社会三大环境的相互作用。社会是幼儿密切接触的一个生动有趣的大课堂，“请进来、走出去”是达成园内外教育力量整合的最佳途径。走出去，融入大环境，获得大发展。大自然是幼儿最喜欢读取的一部真实丰富的百科全书，瑞安特产分布在瑞安各个不同的地方，因此我们从幼儿发展需要出发，组织参观了解瑞安特产的生产地及制作过程。如：百年老店“李大同”茶食品店是瑞安地方特产中的代表，在商务部公布的中国400个“中华老字号”认定名单中温州仅有两家，而李大同茶食品店就是其一。李大同茶食品店的双炊糕闻名遐迩，又松又软，香甜可口，为糕点一绝；而空心月饼不仅仅是个糕点，它反映了瑞安人的风俗民情，是带有地方传统特色的饮食文化遗产。另外，通过一张张精美的图片、香甜可口的糕点和生动的影片展示，形象、直观展示也让幼儿了解了糕点的制作过程，引起幼儿自己动手制作糕点的兴趣。

家庭是幼儿生活中最亲密的环境，家庭的生长环境对幼儿的发展起着至关重要的作用。因此我们通过多种方式充分发挥家庭环境的教育作用，家园合力促幼儿良好个性的形成。

幼儿学习瑞安方言童谣引导策略之我见

何可可

为了挖掘瑞安传统文化资源，让幼儿懂得方言的内涵，体味方言的美韵，激发幼儿对家乡的感情，我园开展瑞安本土文化教育的课题研究。

一、实施情感目标定位，为体验方言童谣趣味奠定基础

方言具有诙谐、幽默、生动的特点，学说方言是一种富有游戏、趣味性的感知和体验活动。为了让幼儿真正体验方言的美、方言的趣，激发幼儿爱家乡的情感，学说方言时目标定位要力求突出趣和情。在学说瑞安方言童谣时，我积极倡导凸现情感教育目标。大致可以确立三个不同层面的情感目标。第一，通过学说瑞安童谣，让幼儿感受瑞安方言的趣味与韵味。第二，通过学说童谣，体验学说瑞安方言童谣的乐趣，提高幼儿感知辨别方言的敏感性。第三，通过学说童谣，了解自己家乡的语言，激发幼儿爱家乡的情感。

二、广泛搜集童谣，选择与幼儿年龄相符合的内容

1. 根据幼儿年龄特点、兴趣和发展水平，选择贴近幼儿生活的民间童谣。如小班幼儿对动物比较感兴趣，可以着重选择描述动物的民间童谣。如童谣《小老鼠》，用生动的语言简练地将小老鼠的形象描绘得栩栩如生，易于被孩子感受、理解和表现。而大班小朋友，则可以选择一些谜语、绕口令和颠倒歌等。

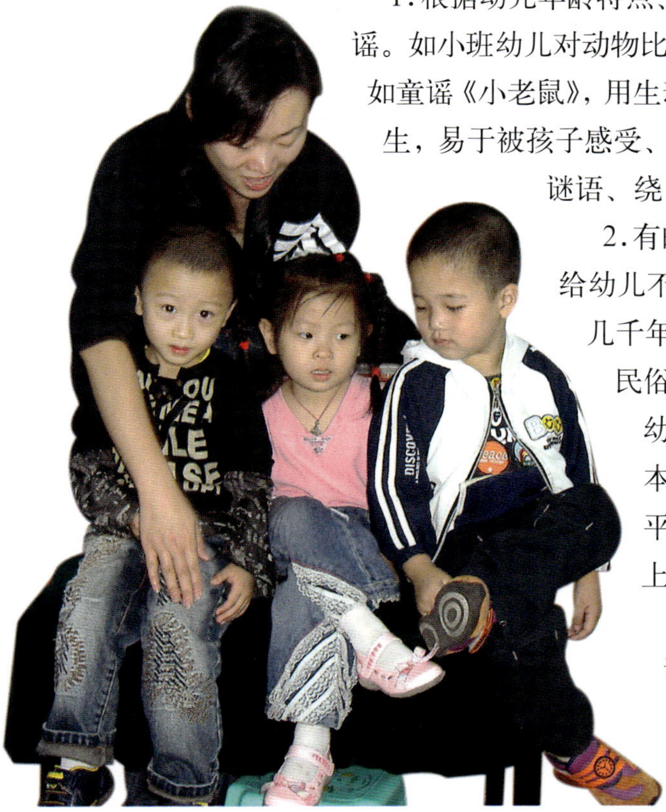

2. 有的放矢地选择不同风格、不同地域的民间童谣，给幼儿不同的审美体验。瑞安文化历史悠久，底蕴深厚。几千年来汇成的艺术长河中，有许多不同民族、不同民俗风情、不同语言特色的民间童谣，都可以作为幼儿欣赏、感受、表现的对象。由于地区不同，版本也不同，我们仔细分析幼儿的语言发展特点及平时的语言习惯，进行改编，使幼儿读起来朗朗上口，非常喜欢。

3. 选择能让孩子朗朗上口，喜闻乐见的童谣，为幼儿的审美感受能力和兴趣提供广阔的空间。童谣是深受幼儿喜爱的文学体裁，因其朗朗上口的韵味，易于学习、识记。因此

我们选择流传甚广的儿歌童谣让幼儿学念，感受瑞安方言的韵味，增添童年的乐趣。

三、变换形式组织实施，凸现趣味性

1. 游戏：让幼儿通过自己和同伴的游戏，理解、感受怎样的语言表现是美的，提高幼儿语言表现的审美意识和能力。比如童谣《点脚雷盘》，幼儿分成四组，每组推选一名当小老师来点脚，其他幼儿围城圈并把脚做好，大家一念童谣，念到“哪只脚脚并拢米人齐”，最后一个“齐”字时，点到谁的脚，谁就那只脚交叉盘到一只脚上面，游戏可反复进行。朗朗上口的儿歌加上别有趣味的方言，又结合有趣的游戏形式，深受孩子们的喜爱。在边念边玩中，孩子们进一步感受到了方言的魅力和韵味，也为他们的童年增添了无穷的乐趣。

2. 竞赛：用比赛的方式提高幼儿表现和表达的积极性，让幼儿在互相交流和比较中体验乐趣。比如“吃馄饨”，老师创设个情境，比比谁自理能力好，并请小评委，为各组的表现打分、点评。幼儿在这种类似综艺节目的攻擂比赛中，一方面能体验情感上的愉悦，另一方面能在互相竞争中吸取别人表现的长处，取长补短。

在区域活动中实施民间游戏

金小琴

在区域活动中开展民间游戏是我班的一大特色；区域活动能为幼儿提供很多的自主活动机会，因此，它越来越受到教师们的重视，孩子们的喜欢，将民间游戏在区域活动中有机结合，使其溶于区域之中。

一、利用家长资源，收集丰富充足的游戏材料

幼儿的知识是在操作与探索中通过自身获得的。在创设民间游戏区，我们积极发动家长配合，收集了大量的民间玩具及制作一些民间游戏的材料。我们根据需要、幼儿年龄特点、安全性等因素进行了整理，选择了贝壳、毽子、铁环、陀螺、沙袋、柿子核、跳绳、橡皮筋、风车、杏核、毛线、降落伞、纽扣、冰棒棍等适合游戏的材料。这些材料可塑性强，可以千变万化，来源于一代又一代的生活，深受孩子的喜爱。

二、以孩子的兴趣为出发点，投放材料

第一，目的性原则。幼儿需要是什么，教师就要投放相应的材料。在材料投放时，力求作到“考虑自己，照顾同伴，动作协调，相互合作，能运用各技能发展等”的要求。

第二，层次性原则。应针对不同发展水平的幼儿提供不同的材料，让每个幼儿都有操作欲望，有所发展。比如在“编织区”中玩“编织辫子”时，提供了不同长短、颜色的纸和毛线，让幼儿根据自己的能力去选择自己要编织的东西，使他们都能有操作编织的机会。

第三，渐进性原则。当幼儿对某种材料已经十分熟悉，并失去了操作兴趣后，教师应及时为孩子准备好更富有挑战性的材料，不要让材料一旦投放便一成不变。如在“编织区”中编稻草人，不要每次给孩子提供半成品，要为孩子准备一

些一次性筷子、小棒、编织绳、剪刀、纸、笔等材料，让幼儿自己扎稻草人的骨架，画稻草人的脸谱，保持操作的兴趣。

三、应以鼓励引导为主，重视幼儿的个体差异

在同一活动区域中，要重视孩子的个体差异，提供适合不同层次幼儿需要的游戏材料，不能“一刀切”。例如：在“语言区”中，为让幼儿掌握诗歌“春雨”，我们就为孩子们准备了一、二、三种不同层次的自制图书。能力弱的孩子可以选择第一种，看着上面的图文进行朗读；能力稍强的幼儿可以选择第二种做填空，把空缺的部分用绘画的形式表现出来；第三种是为能力较强的幼儿准备的，他们可以在上面进行创编。既可以充分满足不同发展水平幼儿的需要，又可以使每一个孩子获得成功感，使活动真正体现下能保底、上不封顶的要求。

四、幼儿操作，教师要把握时机进行指导

在设置完整个区域角的活动内容后，教师要对进行操作活动的幼儿进行指导。这种指导看似简单，实际上最能反映一个教师的教育观和教育水平。教师应随时注意观察，只有细致的观察，才能了解幼儿的活动水平以及实际需要。可以说，教师指导的重点不在于是否一定以游戏者的身份介入，而在于在观察和倾听幼儿的基础上，准确把握指导的时机和方式。

五、民间游戏是架起家园沟通的桥梁，促进家园共育

我们在收集民间游戏的过程中，通过各种方式与家长不断地沟通和交流，架起家园交流的桥梁。在活动室的一个墙面上，我们把幼儿在民间游戏活动中的活动照片、观察记录等展示出来，让家长了解幼儿区域民间游戏活动中的表现；有时还邀请家长参与亲子玩民间游戏，内容丰富，形式多样，师生、家长好像一个大家庭，融为一体，其乐无穷。

总之，区域活动应该是丰富多彩的。教师要为幼儿创设一个自由而广阔的活动空间，提供更多可选择的活动机会，允许幼儿以自己的方式进行探索，自由发挥。这样，就能够从小培养幼儿的自主、自立精神，发挥其潜能，展示其个性，为幼儿的终身学习和发展奠定坚实的基础。

利用本土资源培养幼儿“亲自然”情感和行为

王丽娜

教育要从娃娃抓起，亲自然教育也要从娃娃抓起。孩子是亲自然教育的主要对象。《上海市学前教育纲要》明确把“亲近动植物，观察、了解、照顾它们，具有热爱自然，珍惜自然资源，关心和保护环境的意识”，列入学前的教育的内容和要求之中。因此在教育中我们从最熟悉、最感兴趣的家乡自然环境入手，有目的地引导和启发幼儿去关爱周围的一切，让幼儿在充分地感知“自然”、了解“自然”中培养幼儿对家乡的热爱之情，把“亲自然”教育渗透到幼儿日常生活和各领域教学中，培养孩子“爱家乡，亲自然”的情感。

一、组织社会实践活动，使幼儿在感受大自然美好情景的过程中，产生向往大自然的美好情感

为使幼儿更直观形象地感知家乡自然景色的美，我尽量创设走进自然的机会，利用双休日组织幼儿游览隆山公园、万松山……，培养幼儿亲近自然、热爱自然的情感。在春天的隆山公园里，孩子们快乐地玩耍着，好动的娄颢宸小朋友在草地上打起了滚，内向的徐熙盛小朋友摘起了小花……灿灿小朋友却站着一动不动，一本正经地说：“花儿好看不能摘！草儿好看不能踩！你们这是破坏环境！”事实上，我们需要一种建立在自主性与多元性的基础上，通过平等宽容的对话而达成共识。我们在不破坏孩子兴致的前提下，让灿灿小朋友的话成为给大家的一个提醒，同时用大家的欢乐来感染徐熙盛小朋友，来唤起他童年应有的天性。于是，我轻轻地走近徐熙盛，牵着他的小手，让他闻闻淡淡的草香，感受小草刺刺痒痒的感觉，鼓励他在草地上轻轻地爬行。至于草地上零星的小花，何不让幼儿体验到那是大自然的恩赐呢？我们一起高兴地采集了许多野花并用它编织成一个漂亮的花环，多有趣呀！当孩子们躺在软软的草地上，看着悠闲的白云，感受着阳光的暖意，孩子们由衷地说：“隆山公园真好玩！”我就抓住时机，从中教育幼儿要关心、爱护自然，激发幼儿热爱自然的情感。

二、教学活动设计“亲自然”教育，在各科教学中加以渗透，树立幼儿环保意识

幼儿对事物的认识大部分是通过环境的潜移默化作用和影响获得的。试想想，如果一个幼儿园到处有垃圾，家长、老师却熟视无睹，孩子耳闻目染，长大后又怎么会成为一个有环保意识的人呢？所以，要充分发挥环境教育的作用，两者相互渗透，即在进行各项“亲自然”环境创设时要处处考虑安排环保教育的内容。而在进行环保教育时，要充分利用幼儿园周围的环境，发挥其特殊作用。

（一）户外设施显意识

我园在户外设施做到了四季花香、绿树成荫、碧草铺地，在每层楼的楼梯、墙壁、走廊等地方都有教师和孩子们精心绘画的一幅幅富有环境教育意义的面，如壁画“美丽的大自然”，让幼儿陶醉在美丽的大自然氛围之中，产生热爱之情。还结合环保节日，开展宣传教育活动，如植树节（3月12日），世界环境日（6月5日）等，通过节日教育，配合有关主题，逐步培养幼儿的环保意识。

（二）种植园地凸实践

幼儿园的种植园郁郁葱葱，种植了各种蔬菜及种子，标签上分类标着各种各样的蔬菜名称。种植园的劳动培养了幼儿爱劳动及良好的生活卫生习惯。

（三）室内环境亮主题

园地成了幼儿每天牵挂的一部分。“自然角”是幼儿每天关注的对象，也是我们活动室中的亮点。千姿百态的吊兰、优雅的文竹等，在老师和小朋友共同爱护和关心下，逢勃生长；水生动物每天也都享受到孩子的星级服务。除了自然角，教室里每块墙壁都会“说话”，如“我和动植物”、“小水滴的旅行”等题材的墙面环境都彰显了幼儿、教师及家长的环境意识。其中有孩子充满稚趣的自我表达，有家长对环境保护及参与我园环境活动之后的心得体会，也有教师对环境教育的深层次思考，这一“自然角”能使幼儿产生自豪、自信、自尊，认识到自己所处的群体对保护环境都付出了努力。

（四）非正规活动渗教育

一天中午散步时，有两个幼儿在花坛上捉起两只蜗牛，并大声喊：“大家来看，我捉到蜗牛了。”于是，全部幼儿都被吸引住了，聚在一起观看。看到小朋友对蜗牛如此感兴趣，我们因势利导，引导他们仔细观察蜗牛的特征，找寻答案，使他们不但学到了知识，还

获得了探究解决问题的方法，也使幼儿的环保意识有了更进一步的增强。如发现幼儿平时乱摘花、乱丢纸屑、随地吐痰或下课后高声喧哗等现象，我们老师都会及时地晓之以理，让幼儿既克服了自身的不良行为，又增强了环境保护的意识。

（五）探究活动塑行为

事实上，我们对幼儿进行“亲自然”教育，其主要目的就是希望能够帮助孩子去思考问题，帮助他们建立最初步的保护环境意识。我和幼儿一起收集废旧物品，用塑料罐制作小花盆，让幼儿相互合作种上种子，孩子们每天都要给种子浇水。

除此以外，孩子们观察到什么新的现象，都要告诉我们并问个究竟。更有趣的是，孩子们互相之间展开比赛，比比谁的种子长得最好，谁最爱护它们。经过引导，幼儿积极参与幼儿园、社区的环境建设，逐步形成了“亲自然”情感和行为。

三、争取家长的配合，让家长、孩子共同参与，家园一起砌磋“亲自然”教育方法

在对幼儿进行“亲自然”教育时，还应注意发挥家长的教育作用，让家长为孩子做出榜样。如在公共场所不乱扔瓜皮果壳、不吸烟、不吐痰，不制造噪音影响他人的生活等。幼儿园还适时向家长发放环境教育宣传资料，并结合植树节、地球日等节日活动组织幼儿和家长一起植树种草，到大自然中游玩等。如：我班在 4 月 8 日组织幼儿“亲自然”农家乐亲子活动，到高楼观桃花、游玩九株潭、玩溪水、赏油菜化、过小木桥，在大自然中做“寻宝” 亲子游戏。让幼儿了解大自然的奥秘，感受大自然的美好，并随时清扫废物。以此带动所有人都爱护环境、保护家园。

总之，作为教师要善于利用本土资源中有价值的教育因素，对幼儿进行随机教育，培养孩子“爱家乡，亲自然”的情感和行为。

幼儿园课程中利用“本土”资源——探索与启发

唐奇志

《新纲要》倡导：“充分利用社会资源，引导幼儿实际感受祖国文化的丰富与优秀，感受家乡的变化和发展，激发幼儿爱家乡、爱祖国的情感。”2006年，我园探索开展“‘亲亲瑞安’本土课程资源开发与整合”课题，以名胜古迹、名城文化、名优特产等丰富的本土资源为切入点，对孩子开展主题性传统文化教育，培养幼儿对家乡、对国家、对民族的热爱之情。

如何将《新纲要》精神和本土化的教育理念落实到大班段课程活动中，下面我就以大班主题活动“亲亲瑞安”为例，谈几点自己的体会。

要求从幼儿最熟悉、最感兴趣的事件入手，及时发现、挖掘、利用乡土资源展开爱家乡教育活动。让幼儿从“课堂中”带到“社会情景中”来，通过系列本土文化教育活动，使幼儿在充分感知、了解中升华对家乡的热爱之情，从而达到传承瑞安文化的目的。

“玉海楼到底是谁建造的？为什么要取玉海楼这三个字？玉海楼里到底蕴藏有着什么秘密？”这些问题使孩子们产生要研究玉海楼的欲望。教师组织幼儿去参观玉海楼，并邀请博物馆里的爷爷作详细介绍；请家长利用双休日带孩子去拍摄玉海楼的一角；把春游跟玉海楼联系在一起，让小朋友们现场素描玉海楼里的古建筑。教师尊重每位孩子们不同的表达方式，鼓励孩子们自由表达。没有成人的约束，孩子们就像徜徉在宽阔的海洋中，自由嬉戏、玩耍，心情开朗，他们自由自在地用图画形象表达、形体动作表达、口头语言表达，并将自己的探索内容与小伙伴们分享、交流。老师在旁支持与鼓励他们之间的交流，并融于其中，协助孩子进行分析评价，适时将有隐性的东西明确起来，与孩子们一起分享、欣赏。

利用废旧物品动手制作玉海楼的模型；让家长撰写孩子在本次“我爱玉海楼”主题活动

获得了探究解决问题的方法，也使幼儿的环保意识有了更进一步的增强。如发现幼儿平时乱摘花、乱丢纸屑、随地吐痰或下课后高声喧哗等现象，我们老师都会及时地晓之以理，让幼儿既克服了自身的不良行为，又增强了环境保护的意识。

（五）探究活动塑行为

事实上，我们对幼儿进行“亲自然”教育，其主要目的就是希望能够帮助孩子去思考问题，帮助他们建立最初步的保护环境意识。我和幼儿一起收集废旧物品，用塑料罐制作小花盆，让幼儿相互合作种上种子，孩子们每天都要给种子浇水。

除此以外，孩子们观察到什么新的现象，都要告诉我们并问个究竟。更有趣的是，孩子们互相之间展开比赛，比比谁的种子长得最好，谁最爱护它们。经过引导，幼儿积极参与幼儿园、社区的环境建设，逐步形成了“亲自然”情感和行为。

三、争取家长的配合，让家长、孩子共同参与，家园一起砌磋“亲自然”教育方法

在对幼儿进行“亲自然”教育时，还应注意发挥家长的教育作用，让家长为孩子做出榜样。如在公共场所不乱扔瓜皮果壳、不吸烟、不吐痰，不制造噪音影响他人的生活等。幼儿园还适时向家长发放环境教育宣传资料，并结合植树节、地球日等节日活动组织幼儿和家长一起植树种草，到大自然中游玩等。如：我班在4月8日组织幼儿“亲自然”农家乐亲子活动，到高楼观桃花、游玩九株潭、玩溪水、赏油菜化、过小木桥，在大自然中做“寻宝” 亲子游戏。让幼儿了解大自然的奥秘，感受大自然的美好，并随时清扫废物。以此带动所有人都爱护环境、保护家园。

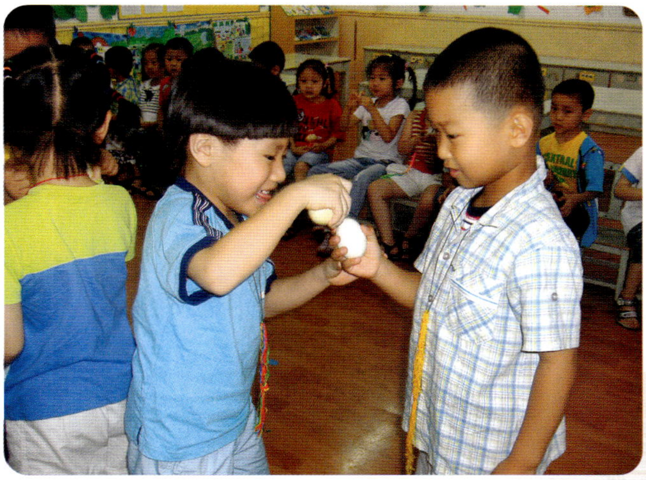

总之，作为教师要善于利用本土资源中有价值的教育因素，对幼儿进行随机教育，培养孩子“爱家乡，亲自然”的情感和行为。

幼儿园课程中利用“本土”资源——探索与启发

唐奇志

《新纲要》倡导：“充分利用社会资源，引导幼儿实际感受祖国文化的丰富与优秀，感受家乡的变化和发展，激发幼儿爱家乡、爱祖国的情感。”2006年，我园探索开展“‘亲亲瑞安’本土课程资源开发与整合”课题，以名胜古迹、名城文化、名优特产等丰富的本土资源为切入点，对孩子开展主题性传统文化教育，培养幼儿对家乡、对国家、对民族的热爱之情。

如何将《新纲要》精神和本土化的教育理念落实到大班段课程活动中，下面我就以大班主题活动“亲亲瑞安”为例，谈几点自己的体会。

要求从幼儿最熟悉、最感兴趣的事件入手，及时发现、挖掘、利用乡土资源展开爱家乡教育活动。让幼儿从“课堂中”带到“社会情景中”来，通过系列本土文化教育活动，使幼儿在充分感知、了解中升华对家乡的热爱之情，从而达到传承瑞安文化的目的。

“玉海楼到底是谁建造的？为什么要取玉海楼这三个字？玉海楼里到底蕴藏有着什么秘密？”这些问题使孩子们产生要研究玉海楼的欲望。教师组织幼儿去参观玉海楼，并邀请博物馆里的爷爷作详细介绍；请家长利用双休日带孩子去拍摄玉海楼的一角；把春游跟玉海楼联系在一起，让小朋友们现场素描玉海楼里的古建筑。教师尊重每位孩子们不同的表达方式，鼓励孩子们自由表达。没有成人的约束，孩子们就像徜徉在宽阔的海洋中，自由嬉戏、玩耍，心情开朗，他们自由自在地用图画形象表达、形体动作表达、口头语言表达，并将自己的探索内容与小伙伴们分享、交流。老师在旁支持与鼓励他们之间的交流，并融于其中，协助孩子进行分析评价，适时将有隐性的东西明确起来，与孩子们一起分享、欣赏。

利用废旧物品动手制作玉海楼的模型；让家长撰写孩子在本次“我爱玉海楼”主题活动

中的学习心得。展示幼儿学习玉海楼方面有关知识的渗透过程，通过一系列“我爱玉海楼”活动，我们教师更深刻认识到，孩子在做有兴趣的事情时，才会有疑问。让幼儿自己去动手实践、操作，而教师此时是他们的支持者、帮助者和指导者，应提供持续不断的机会支持他们自主发现问题、解决问题。教师平时要做个有心人，善于观察，要抓住教育契机去引导幼儿，使他们的知识面不断扩大。

经过全园开展课题“‘亲亲瑞安’本土课程资源开发与整合”的研究和探索，我们教师的教学科研能力、教育教学能力有了很大程度的提高。如刚接到课题时，感到无从入手，觉得这样一个主题很难实施，经过课题组成员共同商议、讨论，结合教师的个性特点，“亲亲瑞安”的几个活动方案形成了，并涉及了五大领域。比较突出的有李慧老师设计综合活动“家乡的山、家乡的水”，利用多媒体制作课件瑞安的风景胜地和名胜古迹，由衷地激发了大班段幼儿对家乡的深深之情。

通过教学活动使小朋友们对自己的家乡——瑞安有了更全面、更深刻的了解，不但开拓了幼儿的视野，也领悟瑞安本土文化的浓浓特色。由李秀芳老师自编的语言故事《龙山塔的传说》，先收集民间故事书籍里的有关龙山塔的神奇传说；还咨询当地一些老一辈人对龙山塔的古老历史；开展了轰轰烈烈的编讲龙山塔故事活动，吸引了大家的好奇感，使幼儿对龙山塔的神秘掀起了高潮。由唐奇志老师和何可可老师设计艺术活动“雨中的玉海楼”，在绘画课上打破了以往传统的教育模式，改革创新，运用毛笔水墨画勾画出古色古香的玉海楼古建筑的独特风格。小朋友们不拘形式，大胆创作，绘画作品表现得淋漓尽致。健康活动在我们幼儿园是个薄弱点，王丽

娜老师大胆地进行了尝试，特别是让幼儿练习三人一组“重叠罗汉”站立的动作就是通过模仿龙山塔的外部造型进行站立练习的，游戏中孩子们玩得兴趣极高。

总之，在生成课程活动中，教师要善于捕捉教育契机，创设适宜的探索氛围，建构积极有效的师幼活动，努力使幼儿的态度、情感、求知欲、学习愿望都保持良好的状态，使活动的全过程真正成为促进幼儿主动学习、主动建构的过程。从中我自己也得到如下一些启示：

1. 鼓励幼儿在生活中寻找、发现，做幼儿与生活的牵线者。
2. 鼓励幼儿主动探索，做活动材料的提供者，活动的观察者和支持者。
3. 鼓励幼儿大胆动手操作、大胆实践，做幼儿活动参与者、帮助者和引导者。
4. 需要进一步探究与幼儿教育有关的问题。

期待走进问题实践

走进孩子的世界，心灵豁然开朗，研究中看到的孩子是那么真实，那么鲜活、生机勃勃，有时又是那么无助、困惑，研究已是我们对自己热爱的事业有了更深刻的理解，也更加坚定了我们的追求和看待生命的价值，实现教育理论和教育实践的双向建构，这里所呈现的一个个活动案例是灵感的相互交织、是思维的彼此碰撞、是教育感情的无限涌动。

请跟我们一起细细品位和分享……

·本土特产·

走进李大同茶食品店（中班）

邵文贞　姚文婉　姚晓静

一、主题背景

李大同茶食品店创立于1889年，距今已有一百多年的历史，李大同茶食品店的双炊糕闻名遐迩，又松又软，香甜可口，为糕点一绝；空心月饼不仅是糕点，它还反映了瑞安人的风俗民情，是具有浓郁地方传统特色的饮食文化遗产……鉴于此，我们设计了主题网络活动“李大同茶食品店”，通过一系列的活动让幼儿了解李大同茶食品店。

二、主题总目标

1. 通过对李大同茶食品店相关资料的收集，知道李大同茶食品店是瑞安的特色糕点店，也是中国的老字号商店，有着悠久的历史。

2. 通过系列活动了解李大同茶食品店的食品，激发幼儿对家乡传统糕点的喜爱之情，从而萌发对家乡的爱。

3. 通过活动丰富幼儿对李大同茶食品店的认识，了解糕点的简单制作方法。

4. 愿意与同伴一起共同探索，并将自己的理解与感受表达和表现出来。

●活动一：关于李大同茶食品店

活动目标：

1. 通过交流与分享，知道李大同茶食品店是瑞安的特色糕点店，也是中国的老字号商店。

2. 了解李大同茶食品店的食品，激发幼儿对家乡传统糕点的喜爱之情，从而萌发对家乡的爱。

3. 通过查找资料的途径及方法，培养幼儿主动学习、主动探索的意识。

活动准备：

课前要求幼儿收集有关李大同茶食品店的资料、课件和李大同的糕点。

活动过程：

1. 通过谈话引出主题。

2. 请孩子交流与分享自己收集的资料，讨论并总结资料收集的方法。

（1）李大同茶食品店的创店经历。

（2）李大同茶食品店生产的糕点种类。

3. 观看录像，进一步了解李大同茶食品店的有关知识。

4. 孩子自由讨论最想了解李大同茶食品店的几个问题：这些糕点的原料是什么？这些糕点是怎样制作出来的？糕点是在哪里制作出来的？李大同茶食品店里有这么多的糕点，哪种糕点最具特色？

活动分析：

这次活动开展前，孩子们带着任务去收集资料，除了从书本、电脑上收集关于李大同茶食品店的资料以外，还亲自到店里去了解，采访食品店员工。孩子们通过自身的努力，收集到了很多资料，培养了他们主动学习、主动探索的意识和能力。

活动二：参观李大同糕点制作工厂

活动目标：

1. 在参观的过程中知道了解李大同糕点，并能与糕点制作师进行交谈。
2. 在参观过程中懂得遵守工厂秩序，有社会公德感。

活动准备：

与李大同糕点制作工厂取得联系，携带摄像机、照相机。

活动过程：

1. 参观前的谈话。

（1）去李大同糕点制作工厂参观，我们应该怎样做？

（2）提问：你想知道李大同糕点制作工厂里的哪些秘密？你想要了解哪些糕点？糕点是怎么做出来的？糕点除了甜的还有其他什么味道？糯米是怎样做出各种味道的？（幼儿说出计划，教师做好记录）

2. 幼儿记录糕点的制作步骤。

3. 幼儿参观李大同糕点制作工厂。在参观过程中，请糕点师傅介绍糕点并演示制作过程，重点介绍双炊糕和空心月饼；指导幼儿做好记录，并敢于向糕点师提问；提醒幼儿注意保护自己。（教师拍摄、记录活动场景）

4. 参观后交流。幼儿将记录与全体小朋友交流，说说自己了解到的糕点的制作方法。

5. 小结：知道糕点是由糯米和糖、桂花、薄荷等原材料经过搅和、发酵，并通过蒸、炸、烤等方法制作出来的。

活动分析：

孩子们参观了仓库、制作区和包装区，其中制作区是孩子们最感兴趣的部分，他们提了很多问题向糕点制作师咨询，并通过自己的努力去寻找正确的答案。

活动三：好吃的李大同糕点（泥工活动）

活动目标：

1. 在观察几种李大同糕点外形特征的基础上尝试制作糕点，感受制作活动的乐趣。
2. 尝试布置李大同糕点专卖店，体验美好事物带来的喜悦和成就感。

活动准备：

李大同糕点的包装纸、橡皮泥。

活动过程：

1. 引导幼儿观察各种李大同茶食品店的糕点，说说各种糕点的特点。

2. 讲解示范。

这些糕点都是什么形状？是否还有其他形状？

分别讲解几种糕点（如双炊糕、橘红糕）的简单制作方法、步骤。重点突出团、搓、揉、压等动作技巧。

3. 幼儿练习。

提醒幼儿先将橡皮泥分成几块，做好用泥准备。

鼓励幼儿大胆动手，制作出各种各样的糕点。

4. 布置李大同糕点专卖店。

糕点做好后，布置场景，如货架、柜台、招牌等，把制作好的糕点送到“李大同糕点专卖店”。

活动分析：

参观活动结束后，孩子们对糕点的制作产生了浓厚的兴趣，开始互相交流自己认识什么糕点、最爱吃李大同店里的哪种糕点等。在孩子们的共同努力下，不仅制作了糕点，还布置了李大同糕点专卖店。他们将对李大同糕点的认识和情感用艺术的手段表现了出来，获得了很大的成就感。

索面长长（中班）

邵文贞　胡丹

一、主题背景

索面是瑞安的一种传统食品。在瑞安城乡，凡老人寿辰或家里添丁，亲戚、朋友、邻里都送索面贺之，主人则要请客人吃索面，分享喜悦。而南山村就是一个远近闻名手工制作索面的专业村。据说这种传统的制面手艺已经传承了300多年，年产索面在500吨以上，产品还远销到了法国、意大利和西班牙等国。

二、主题总目标

1. 知道南山索面是瑞安的地方特产，加深对家乡的认识，激发爱家乡的情感。
2. 通过看看、尝尝、说说等活动让幼儿认识索面，了解索面与瑞安的风俗。
3. 通过劳动实践、创编活动等发展幼儿的观察力、想象力和音乐创编能力。

活动一：南山索面

活动目标：

1. 认识索面，初步了解索面的制作过程。
2. 知道南山索面是瑞安的特产，了解索面与瑞安的风俗。

活动准备：

南山村制作索面时的情景图，关于索面制作的课件，索面。

活动过程：

1. 引出课题。

（1）出示南山村制作索面时的情景图。

（2）教师小结。

2. 了解索面的制作。

（1）师：你们知道索面是怎么制作出来的吗？

（2）幼儿自由谈论、想象。

（3）观看课件，了解索面的制作。

提问：录像中的农民是怎样制作索面的？制作索面有哪几道工序？哪道工序最重要，为什么？制作索面要选择怎样的天气？

（4）教师小结。

3. 了解索面与瑞安的风俗。

（1）提问：索面还有一个名字叫什么？你吃过吗？在什么时候、什么地方吃过？

（2）观看课件，了解索面与瑞安的风俗。

活动分析：

通过活动让幼儿初步了解南山索面，懂得索面与其他面的不同之处，知道瑞安的索面知名度，而且开始关注索面，为主题系列活动的开展做了很好的铺垫。

活动二：索面长长

活动目标：

1. 通过感受家乡特产——索面制作的工作情景，激发幼儿尝试用身体动作来表现揉面、搓拉、拨面、晒面4个制作环节。
2. 培养幼儿创编动作的乐趣及其表现能力。
3. 进一步了解索面，激发热爱家乡的情感。

活动准备：

索面制作的课件，舞蹈“索面长又长”的碟片以及音乐磁带。

活动过程：

1. 回忆已有知识，大胆进行表述。

（1）提问：我们瑞安有哪些好吃的特产？好吃的索面是怎么制作出来的？你们知道哪些关于索面的知识？

（2）教师小结。

2. 由景生情，激发幼儿大胆创编。观看课件，了解索面的制作。

（1）初步引导幼儿用身体动作自由分段创编。

（2）配乐做表演。

（3）变换队形进行表演。

3. 归纳总结，激发情感。

活动分析：

这个活动效果很好，孩子们的兴趣很高，教师能关注每一个孩子在活动中的表现，帮助胆小的孩子大胆地参与；增强勇敢的孩子的积极性，发挥他们的想象力；注意那些不活跃的孩子，挖掘他们的潜力，使不同能力层次的孩子都得到发展。

活动三：被煮的索面

活动目标：

1. 通过观察，了解煮索面过程中索面的形状变化，并能用夸张的肢体动作形象地模仿和表现。

2. 发挥想象，体验用夸张的动作来表现内心感受和乐趣。

3. 培养幼儿具有幽默感。

活动准备：

1. 知识准备：在家观察父母煮索面的过程，品尝各种口味的索面。

2. 技能准备：先训练幼儿，使其具有一定的肢体动作表现能力。

3. 材料准备：煮索面的录像，表示调味品的各色皱纸。

活动过程：

1. 谈话引出课题：被煮的索面。

提问：你们吃过索面吗？知道索面是怎么煮的吗？索面煮的时候会发生什么变化吗？

2. 观察和了解：了解索面的形态变化过程。硬硬的—变软、扭曲、跳舞、缠绕—冷却、停止不动—变软、扭曲、跳舞、缠绕。

提问：索面煮前是怎么样的？放入热水中煮的时候会怎么样啊？你看到索面是怎么煮熟的？

3. 想象和表现：

（1）初步引导幼儿体验用身体动作自由表现煮索面的过程。

（2）进一步引导幼儿与同伴合作表现，重点是下索面和索面缠绕部分。

（3）鼓励幼儿完整地表现煮索面的过程。

● 活动四：走进南山村——摄影展（家园同乐活动）

活动目标：

1. 通过亲自走进南山村摄影活动，让幼儿更加了解索面。
2. 通过与父母共同拍摄，体验亲子活动的乐趣，激发幼儿爱家乡的情感。

活动准备：

事先与南山村取得联系；幼儿家长自备摄影器件。

活动过程：

（略）

> 活动分析：
>
> 这样的家园亲子活动把我们的课题深入到家长当中，真正做到家园共育，也充分发挥了家长的群体力量。这对课题研究也是一种推动，但每一个主题是否都需要这样的活动是我们要深思和探讨的问题。

好吃的马蹄笋（中班）

邵文贞　余蓉

一、主题背景

“马蹄笋”是瑞安市农产业一大名优产品，有着悠久的栽培历史。春天正是马蹄笋鲜嫩上市的季节，竹林里到处可见从泥土里冒出来的尖尖的马蹄笋，那甘甜的笋汁、厚实的笋肉、脆嫩的笋质，实不失为一大时令佳肴，更不失为我园本土课题实施的一个好题材。

二、主题总目标

1. 知道马蹄笋是瑞安的地方特产，加深对家乡的认识，激发爱家乡的情感。
2. 让幼儿了解马蹄笋的特征、生长过程及用途。
3. 提高幼儿发现问题、解决问题的能力。

● 活动一：好吃的马蹄笋（一）

活动目标：

1. 认识马蹄笋的外形特征。
2. 知道马蹄笋是瑞安的特产。

活动准备：

马蹄笋人手一只，相关课件。

活动过程：

1. 看一看。

（1）出示马蹄笋。

提问：你们认识它吗？它长什么样？像什么？

（2）小结：马蹄笋长的像马的蹄，上面尖，下面大，所以叫马蹄笋，它是瑞安的特产。

2. 摸一摸。

提问：用手摸时有什么感觉？

活动过程：

3. 剥一剥。

(1) 将它的壳剥掉，看看马蹄笋里面是什么样子的？

(2) 提问：马蹄笋的衣服是什么样子的？丰富词“笋壳”。剥开马蹄笋里面是怎样的？丰富词“笋肉”。

4. 尝一尝。

幼儿品尝马蹄笋的味道，说说马蹄笋的味道。

活动分析：

我们通过看一看、摸一摸、剥一剥、尝一尝这四个环节来引导幼儿认识马蹄笋。实施过程中，我们发现幼儿对马蹄笋这一素材是感兴趣的，特别是在动手摸一摸（观察马蹄笋的外形特征）、剥一剥（感知笋壳是一层层的，笋肉是一节节的）这两个环节中。幼儿表现出了很强的探索欲望，每个幼儿都得到了最直接的感受和体验。

活动二：好吃的马蹄笋（二）

活动目标：

1. 知道马蹄笋与竹子的关系。
2. 认识各种笋制品，能区别出马蹄笋。

活动准备：

相关课件，各种笋制品。

活动过程：

1. 通过看课件了解马蹄笋与竹子的关系。

提问：“笋娃娃”是什么时候长出来的？长大以后它会变成什么样子？

2. 了解有关的笋制品。

(1) 幼儿介绍自己带来的笋制品。

(2) 观看幻灯片，了解更多的笋制品。

3. 找找马蹄笋宝宝。

教师出示各种笋，请幼儿从中找出马蹄笋，并能区别马蹄笋与其他笋的不同。

活动分析：

马蹄笋长大了就是竹子，孩子们通过自己课前的收集活动已经对这方面有了初步了解，所以在课堂上他们能踊跃参与到活动中，能对各种各样的笋制品进行介绍和区别。

活动三：我画马蹄笋

活动目标：

1. 引导幼儿根据马蹄笋的造型特点展开联想，设计出各具风格的美术作品。

2. 激发幼儿创造美的情趣，培养幼儿的想象力、创造力和表现力。

活动准备：

幼儿作画用具，背景图一副。

活动过程：

1. 创设情景，引出课题。

出示背景图——一棵竹子。

2. 给竹子妈妈找宝宝。

先画一个直角三角形，然后从下往上依次画上比下面小的直角三角形，最后在上面画上尖尖的三角形。画好后，给马蹄笋娃娃穿上衣服。

3. 幼儿练习。

（1）引导幼儿画出不同大小的马蹄笋。

（2）提醒幼儿注意画面的整洁。

4. 师生共同布置竹林。把画好的马蹄笋剪下来贴在背景图上。

活动分析：

孩子们的作品展示出了马蹄笋的特征，他们将马蹄笋拟人化，使得画中的马蹄笋更显得可爱，惹人喜欢。

活动四：马蹄笋造型

活动目标：

1. 幼儿根据马蹄笋的形态、特点，利用切、接、拼等方法，制作自己喜爱的物品。

2. 根据自己和同伴的作品，能大胆地用清楚、连贯的语言讲述一段话。

3. 培养幼儿的注意、观察、想象、创作能力和幼儿动脑、动手又动口的学习习惯。

活动准备：

1. 活动前准备：马蹄笋放在“自然角”，供幼儿观察，使其产生灵感，从而引导他们的想象，为创作活动做好准备。

2. 活动时准备：新鲜的马蹄笋、塑料刀、垫板、橡皮泥、牙签、彩色纸、剪刀等， 投影仪一部。

活动分析：

在孩子认识马蹄笋的基础上让他们设计马蹄笋的各种造型，切身感受马蹄笋的多种作用。在活动中孩子们制作的兴趣很高，做得很认真、很投入。

活动过程：

1. 出示马蹄笋。

经过观察后，幼儿讨论可以将马蹄笋制作成什么造型，激发他们的制作热情。

2. 引导幼儿观察、激发创作兴趣。

出示各种已制作好的马蹄笋造型供幼儿观察。引导他们观察，使其产生灵感，从而进行创作。

3. 操作活动：幼儿使用篮子中的自然材料、辅助材料和制作工具，充分发挥想象，制作出自己喜爱的物品：娃娃、帆船、火箭、汽车等马蹄笋造型。

4. 展示作品并讲述。

将幼儿作品用投影仪放映出来，供大家欣赏。引导幼儿根据自己制作的作品和同伴的作品，讲述一段话或一个故事。

5. 期待想象。将幼儿的作品放回到自然角中，供幼儿继续相互欣赏、观察。

清明早茶（中班）

余　蓉　邵文贞

一、主题背景

“清明早茶”是温州三大早茶品种之一，此时正是清明早茶的盛收季节。我们展开以“瑞安清明早茶”为主题的教学活动，目的是想利用幼儿身边熟悉的物质资源，通过幼儿自主收集、观察、使用、了解和从而对家乡的特产有进一步的认识。在与同伴分享的同时，为家乡拥有“宝贵财富”而自豪，从而激发爱家乡的情感。

二、主题总目标

1. 运用多种感官了解清明早茶的特征，知道清明早茶是瑞安的特产。
2. 在交流中了解粗浅的茶文化，感受活动的乐趣。
3. 培养幼儿热爱家乡劳动人民的美好情感。

活动一：香醇的清明早茶

活动目标：

1. 通过不同的感知途径来观察比较几种茶叶的异同，掌握清明早茶的特征，巩固对清明早茶的认识。
2. 能与同伴合作，在合作中学会商讨、记录。

活动准备：

（1）布置好的茶展。

（2）收集5种以上的茶叶（每组一份）、清明早茶及放大的图片一张、放大镜等，记录用的纸、笔。

活动过程：

1. 参观茶展。教师带幼儿参观布置好的茶展，引导幼儿认真观察清明早茶的图片、照片及幼儿的观察纪录。

2. 讲述对清明早茶的已有知识。

（1）请幼儿讲解刚才看到了什么？

（2）请幼儿介绍自己参观茶园时拍的照片。

（3）幼儿讲解自己作的纪录。

3. 共同探索清明早茶的特征。

（1）看一看：在多种茶叶中找出清明早茶。

（2）说一说：请幼儿说说清明早茶的特征。

（3）闻一闻：用鼻子感受茶叶的香味，讲讲有什么不同。

4. 合作记录清明早茶的特征（提供放大镜让幼儿观察）。

（1）以小组为单位，大家商量如何记录。

（2）巡视幼儿记录过程，帮助个别幼儿。

（3）每小组选一个代表介绍自己小组的记录情况。

活动分析：

孩子被教室中各种茶图片和形态各异的茶叶所吸引，趴在墙边欣赏、议论。教师作为一个倾听者，捕捉孩子关心的问题，了解孩子对茶叶的现有经验。在活动中，教师不仅激发了幼儿对该主题的兴趣，而且也了解了幼儿对该主题的相关知识和经验，为以后在活动中能更好地引导幼儿对主题进行探索打下了基础。

活动二：茶是这样做出来的

活动目标：

1. 了解茶叶的生产制作过程。
2. 鼓励幼儿积极思考，回答有关问题。

活动准备：

教师平时注意收集幼儿有关茶叶的问题，录像片《茶叶的生产》。

活动过程：

1. 提问：为什么茶树上的叶子和茶叶不一样？为什么茶叶有各种形状？

2. 观看录像并提问。

镜头一：茶树发芽、茶园灌溉。提问：这是什么季节，什么地方？

镜头二：人们分别在晴天、雨天采茶。提问：阿姨是怎样采茶的？（模仿动作）人们为什么在雨天坚持采茶？（抢时间采下春天的嫩芽，一两天后嫩芽就会长大）

镜头三：人工炒茶。提问：阿姨在做什么？这是什么？（电炒锅）是怎样炒茶的？茶叶有什么变化？

镜头四：机器炒茶。提问：这是什么？（机器）机器是如何炒茶的？

镜头五：茶展。提问：中国有哪些名茶？为什么中国的茶叶受到世界人民的喜爱？

3. 看完录像，鼓励幼儿提出疑问，教师解答并做记录。

活动三：茶有许多种

活动目标：

1. 欣赏故事，理解故事内容。
2. 认识各种茶制品，初步了解茶制品的制作过程。

活动准备：

故事《茶叶的聚会》，各种茶制品。

活动过程：

1. 欣赏故事《茶叶的聚会》。

提问：超市里在进行什么聚会？都有谁来参加这次聚会？这些茶制品都是怎么样制作出来的？

2. 看看茶制品。

（1）说说我带的茶制品。

（2）讨论这些茶制品的作用及制作过程。

（3）提问：除了小朋友带的茶制品以外，你们还见过哪些茶制品？

（4）小结：茶制品的品种很多，它们的作用各不同，但有一个共同点，就是都由茶叶制作而成，散发着浓郁的茶香。

3. 品尝可食用的茶制品，请幼儿投票选出最喜欢吃的茶制品，将结果记在统计表上，看看哪一种茶制品最受欢迎。

活动分析：

教师依据幼儿在熟悉清明早茶的生长环境、形态等基础上，引导他们自主收集茶制品。在收集过程中，充分运用了探究性的学习方法。孩子与家长收集了很多茶制品，如茶饮料、茶果冻、茶点、茶香皂、茶牙膏等。活动达到了我们预期的设想，孩子们在探索中学习知识，在分享中体验快乐，这是对我们工作最好的肯定。

好吃的陶山甘蔗（中班）

邵文贞　胡丹

一、主题背景

陶山甘蔗是瑞安有名的特产。每年的10月正值甘蔗成熟的日子。一天幼儿园的餐后水果正好是吃甘蔗，于是跟孩子们猜起了谜语：节节高，像根竹，吃一口，吞口甜水汁，吐出干渣滓。好一会儿有个孩子小心翼翼地说，"甘蔗"，于是大家便兴奋地跟着喊："对！是甘蔗！""你们知道甘蔗是什么味道吗？""这么好吃的甘蔗是从哪里来的吗？"在孩子们显示出浓厚兴趣的基础上，我提出了一连串的问题。我们的主题就在孩子们嚼着甜津津的甘蔗中产生了。

二、主题总目标

1. 知道陶山甘蔗是瑞安的传统土特产，激发幼儿对家乡特产的喜爱之情。
2. 通过看看、摸摸、尝尝等活动让幼儿了解甘蔗的品种、特征、生长过程及各种用途。
3. 通过户外实践活动，去探索甘蔗的秘密，发展观察力、想象力和语言表达能力。

活动一：牵手陶山甘蔗

活动目标：

1. 知道陶山甘蔗是瑞安的特产，萌发幼儿对家乡特产的喜爱之情。

2. 通过看看、摸摸、尝尝等活动让幼儿了解甘蔗的外形特征及颜色。

活动准备：

每组两根甘蔗、切好段的甘蔗、盘子、报纸、小毛巾、削皮刀等。

活动过程：

1. 引导幼儿进行观察，了解甘蔗外部特征。

（1）幼儿仔细观察，教师巡回指导，集体或个别指导幼儿深入观察。

(2)组织讨论:这是什么？你看到些什么？(引导幼儿观察甘蔗)

2. 了解生长过程。

（1）提问：知道甘蔗是怎么长出来的？

（2）演示课件。教师讲解。

3. 甘蔗的储藏。

（1）出示图片，了解甘蔗的储藏。

（2）幼儿根据图片自由讨论。

（3）教师小结。

4. 品尝甘蔗。

（1）甘蔗的味道怎么样？你们怎么知道的？

（2）幼儿品尝。

活动二：甘蔗家族的成员

活动目标：

1. 通过观察、比较，认识甘蔗的不同种类和用途。
2. 了解甘蔗的工业价值。
3. 增强幼儿对甘蔗的进一步喜爱，从而珍惜资源。

活动准备：

紫皮甘蔗，各种水果图片，盘子、小毛巾、削皮刀等。

活动过程：

1. 寻找甘蔗。

从各种图片中寻找甘蔗的图片，大胆介绍手中的甘蔗图片。

2. 探讨甘蔗的种类。

（1）引导幼儿观察不同品种的甘蔗图片。

（2）鼓励幼儿自由讨论甘蔗的用途。

3. 了解甘蔗的作用。

（1） 提问：糖是怎样做出来的？

（2） 观看糖制作过程的课件，说说甘蔗有什么作用。

活动分析：

“糖的原料是甘蔗！”孩子们惊叹地说。他们很难把一根根的甘蔗和白花花的白糖联系起来，通过了解知道甘蔗可以煮糖水或者榨成甘蔗汁来喝。还观看了制糖的过程，知道甘蔗提炼出来的糖，能为各种食品配上甜美的味道，做成可口的食品。

活动三：陶山甘蔗甜又脆

活动目标：

1. 认真地倾听故事，并能理解故事内容。
2. 知道甘蔗是陶山的特产，远近闻名，激发幼儿爱家乡的情感。

活动准备：

图片，老爷爷的木偶。

活动过程：

1. 出示老爷爷木偶，引起幼儿兴趣。

提问：故事里所讲的是什么地方的甘蔗？陶山甘蔗以前是怎么样的？现在的陶山甘蔗又是怎样的？

2. 结合图片，讲述故事。

提问：陶山的甘蔗为什么会变得又甜又脆？如果把陶山的甘蔗种到外地，长出来的甘蔗又是怎样的？

活动反思：

故事《甘蔗为什么甜又松》引起了幼儿浓厚的兴趣，听完故事的小朋友个个都嚷嚷着要吃甘蔗。这样的活动比较传统，如果能把这个故事用PPT表现出来，活动效果会更好，课堂内容会更丰富，课堂气氛会更活跃。

活动四：走进陶山，情系甘蔗

活动目标：

1. 通过亲自割甘蔗活动，了解甘蔗的生长环境。
2. 体验亲子活动的乐趣，激发幼儿爱家乡的情感。

活动准备：

1. 事先联系好甘蔗基地。
2. 活动前通知家长做好准备，给孩子穿上轻便的衣服，带好所需的物品等。

活动过程：

（略）

·民间艺术·

米塑（小班）

孙映丹　温小芸　阮侠

一、主题背景

米塑是瑞安地区独有的传统民间艺术，是以煮熟的米粉团为原料，做成人物、龙凤、花鸟、走兽等工艺品，瑞安米塑分抛梁、寿桃、斛三大类。据记载，瑞安捏制米塑的民间习俗早在宋朝时就已出现，距今有千余年的历史。每逢喜庆节日、婚丧嫁娶或庆祝寿辰，人们都要做寿桃作为祭品、礼品供奉、摆设，米塑人像造型逼真、栩栩如生，在民间广为流传，是一大珍贵的瑰宝。 为了传承、宏扬这一传统艺术，我们从小班入手开展了米塑系列活动。活动从幼儿的兴趣入手，以了解、欣赏和制作米塑为主线，通过观看表演、欣赏作品、聆听故事、实际制作等，全面感受米塑，产生对米塑的喜爱情感，激发对家乡的热爱。

二、主题总目标

1. 通过欣赏米塑作品，感受并喜爱米塑，知道米塑是家乡传统的民间工艺之一，有着悠久的历史，激发幼儿热爱家乡的情感。

2. 初步认识、了解米塑的制作工艺，尝试用搓、团、捏等方法进行简单的塑造活动，提高想象力和表现力，体验展示作品的乐趣。

3. 积极参与米塑活动，能大胆运用语言、表演、创作等多种形式表达自己对米塑的理解与体验，感受表现与交流的快乐。

● 活动一：好玩的米塑

活动目标：

1. 引导幼儿观看表演，对米塑作品的生动形象有初步的感受。

2. 激发幼儿对米塑作品的兴趣。

活动准备：

各种米塑作品（人物孙膑、寿桃等）。

活动过程：

1. 出示米塑“寿桃”，提问：这是什么？有什么用？

2. 情境表演，激发幼儿兴趣。

（1）米塑角色表演“寿桃的故事”。

（2）提问：刚刚用来表演的道具是什么？

3. 观察米塑，初步了解米塑。

（1）师：它们是什么样的？你知道它们是用什么做成的？我们来学学它们的动作吧！

（2）你以前见过吗？教师介绍有关米塑的基本知识。

（3）教师出示其他米塑作品，向幼儿介绍。

（4）教师做针对性小结。

4. 延伸活动，请幼儿自主选择米塑表演。

活动二：漂亮的米塑

活动目标：

1. 欣赏各种米塑作品，感受作品的独特造型与色彩美。

2. 知道米塑的特性，能大胆地用语言、动作表达自己的感受与理解。

活动准备：

各种米塑，幻灯片。

活动过程：

1. 欣赏各种米塑作品。

（1）让幼儿说说米塑有哪些种类。

(2)幼儿自由观看米塑作品及图片，着重引导幼儿从米塑的造型、色彩等方面去欣赏。

（3）与同伴分享、讨论所见到的米塑作品。

（4）播放幻灯片，引导幼儿了解各种米塑的特色。

2. 启发幼儿了解米塑象征的吉祥意义。

（1）师：有这么多的米塑品，你们知道这些米塑是从哪里来的吗?

（2）提问：人们为什么要做米塑？米塑有什么用?

3. 区域活动。

活动分析：

整个活动当中，孩子们都非常愉快地参与着，认真地思考着，积极地讨论着，营造出一个非常活跃的学习氛围。但是，在活动中还存在许多不足的地方。如准备不充分带来的影响，环境创设上比较欠缺，学习氛围不浓厚等。在以后活动中我们应注重孩子在学习过程中的表现。通过多种形式帮助孩子提升经验，激发热爱家乡文化的情感。

活动三：家乡的米塑

活动目标：

1. 大胆地用语言介绍自己调查了解的米塑，在与老师、同伴的交流过程中丰富相关经验。

2. 了解制作米塑的工具、材料和基本过程，掌握制作的基本技能：搓、捏、团。

3. 喜爱家乡的米塑艺术。

活动准备：

1. 请家长协助幼儿调查，丰富幼儿的相关知识。

2. 拍摄米塑制作过程。

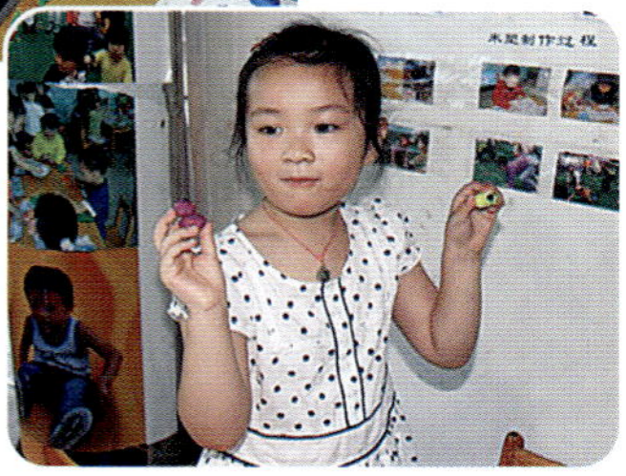

活动过程：

1. 集体交流，拓展相关经验。

（1）播放录像一，初步了解制作米塑的原料以及工具。

(2)播放录像二，引导孩子了解掌握基本动作：搓、捏、团。

2. 回忆制作过程。

(1)看爷爷做米塑：引导幼儿注重观看制作的手法以及运用的材料。

（2）学习基本技能：团、搓、捏。

（3）幼儿尝试练习基本技能，教师有针对性地进行指导。

3. 区域活动。

活动分析：

活动中孩子积极活跃，有着说不完的话题，乐意和家长一起寻找米塑的踪迹，概括出米塑原材料制作的过程。活动效果已超出了我们的预期，孩子在这一过程中不仅了解了家乡的特色，更学会了收集资料、分享知识、大胆表述，这些都在潜移默化中影响着孩子、教育着孩子。最重要的是，激发了孩子热爱家乡的情感。

活动四：水果米塑

活动目标：

1. 根据水果的外形特征，尝试制作简单的水果米塑“桃子”和“苹果”。
2. 愿意向老师、同伴展示自己的作品，体验制作乐趣。

活动准备：

制作米塑用的材料，水果米塑。

活动过程：

1. 观看米塑水果，激发幼儿制作兴趣。

（1）出示水果米塑，提问：这水果跟我们平常见到的水果一样吗？

（2）欣赏各种米塑水果，教师引导幼儿从色彩与造型上欣赏。

2. 欣赏制作米塑水果过程。

（1）师：米塑水果跟真的水果几乎一样，你们想来学学这本领吗？

（2）教师示范制作米塑水果“桃子”和“苹果”。

3. 指导幼儿做米塑水果。

（1）幼儿尝试做米塑水果，教师巡视指导。

（2）提醒幼儿注重颜色的选择，并指导他们掌握正确的技能。

（3）帮助个别能力较弱的幼儿完成作品。

4. 水果展览会。

活动五：创意米塑

活动目标：

1. 凭借已有经验，尝试按照自己意愿制作米塑。
2. 巩固米塑制作技能，体验创造和表现的乐趣。

活动准备：

各种米塑、工具、材料。

活动过程：

1. 回忆已有经验，激发制作兴趣。
2. 欣赏教师制作的米塑作品。
3. 鼓励幼儿大胆创想，制作米塑。

（1）讨论：你想做什么样的米塑作品？

（2）幼儿按照自己的设计意图动手制作，教师指导。

4. 展览作品。

活动六：米塑比赛——我行我塑

活动目标：

1. 与家长共同讨论制作的内容，齐心协力完成米塑作品。

2. 体验与父母共同参与活动的乐趣，增强亲子情感，弘扬民间文化艺术。

活动准备：

邀请家长来园参与活动，活动场地布置。

活动过程：

1. 介绍活动的目的、注意事项。
2. 亲子活动：米塑制作。

大班民间艺术“小米塑、大魅力”

全海帆 柯芙蓉 金小琴

一、主题背景

米塑又称“粉塑”，是瑞安地区特有的传统民间艺术，以煮熟的米粉团为原料，采取揉、捏、掐、刻、扮等手法，用加入各种色彩的米粉团制作成人物、龙凤、花鸟、走兽等工艺品，与北方“面塑”一道称为食品塑作工艺的双绝，距今已有千余年的历史。为让幼儿更好地了解、认知家乡的独特文化，感受这一民间艺术之魅力，我们根据幼儿的兴趣点和年龄特点，设计了“小米塑、大魅力”主题活动。

二、主题总目标

1. 引导幼儿欣赏各类米塑的造型与色彩特点，知道米塑是我们家乡传统的民间工艺之一，具有悠久的历史，激发幼儿热爱家乡的情感。

2. 初步了解米塑的制作工艺，尝试用搓、团、压、推云等技法进行简单的塑造活动，增加对家乡民间美术工艺特点的认识。

3. 积极参与米塑活动，能大胆运用语言、表演、创作等多种形式表达自己对米塑的理解与体验，感受表现与交流带来的快乐。

活动一　好玩的米塑（综合活动）

活动目标：

1. 通过引导幼儿观看米偶剧，初步感受米塑作品的生动形象性，对米塑有一粗浅的了解。

2. 体验合作表演米偶剧的乐趣，激发幼儿对米塑作品的兴趣。

活动过程：

1. 出示米塑“寿桃”，引出课题。

提问：知道这是什么吗？它有什么用呢？

2. 米偶表演“寿桃的故事”，激发幼儿的兴趣。

提问：喜欢刚才的表演吗？喜欢表演里的什么地方？

3. 幼儿带着问题第一次玩米塑。

（1）师：刚才是用什么来表演的？你以前见过这个东西吗？你知道它叫什么吗？它和我们以往表演的木偶、纸偶有什么不一样的地方？它又是用什么东西做的？

（2）交流、小结、生成：对幼儿五花八门的回答教师给予评定，借机生成下一次活动。

4. 幼儿合作游戏玩米塑。幼儿自由合作分小组玩米塑。教师巡回观察，引导幼儿展开想象与合作表演。

5. 成功再现。请表演比较成熟的组为大家表演、交流。

6. 延伸活动：幼儿利用各种途径查找米塑的相关资料。

活动二　小米塑，知多少（经验交流）

活动目标：

1. 查询米塑的相关知识，知道米塑是瑞安特有的民间艺术。

2. 激发幼儿自主学习、寻求答案的意识与能力，学会与同伴分享、交流、合作。

3. 激发幼儿对米塑民艺的兴趣，感受其独特的艺术美。

活动过程：

1. 教师出示米塑，引出课题。

提问：你知道米塑的哪些秘密吗？能告诉我们大家吗？

2. 幼儿互相交流自己收集的有关米塑的材料。

3. 教师在幼儿交流的基础上提炼总结、拓展。

4. 延伸活动：环境创设。教师与幼儿一起将收集到的相关材料丰富到区角及墙面布置，供幼儿自主交流、互相学习。

活动三　欣赏“拜师学艺”

活动目标：

1. 欣赏并了解传统米塑制作工艺，感受米塑其独特的艺术美。

2. 激发幼儿感受美、创造美的能力。

活动准备：

1. 事先联系好民间米塑艺人。

2. 准备好活动场地，幼儿操作材料。

活动过程：

1. 教师向幼儿介绍米塑艺人，互相问好。

2. 根据孩子的要求，米塑艺人现场捏制各种米塑，并同时向幼儿介绍捏制的方法，供幼儿欣赏与学习。

3. 游戏“拜师学艺”。

幼儿拜民间米塑艺人为师，学习制作米塑作品，体验自己动手操作的快乐。

活动四　好玩的米塑（泥工活动）

活动目标：

1. 学习自己动手制作米塑，初步学习米塑制作中的“推云”技法。

2. 感受米塑的美，激发幼儿感受美、欣赏美、创造美的能力。

活动准备：

1. 各类米塑作品若干。

2. 和好的彩色熟米粉团若干，剪刀、牙签等工具。

活动过程：

1. 幼儿欣赏各种类型的米塑。

师：前几天，我们看了很多的米塑，玩了很多的米塑，今天你们想不想自己怎样来做一做米塑？

2. 教师示范、介绍米塑的制作方法，重点示范“推云”技法。

3. 幼儿利用各种辅助材料制作米塑，教师巡回观察指导，给予适当的帮助。

4. 幼儿作品互相交流、展示。

传承民间艺术　了解瑞安鼓词（大班）

柯芙蓉　全海帆　林　婷　夏芳芳　余　蓉　金小琴

一、主题背景

“瑞安鼓词”是我省的主要传统曲种之一，以瑞安方言为标准进行演唱，至今已有300多年的历史，是瑞安地方艺术的文化遗产，是中华民族璀璨文化的重要组成部分。为了让幼儿了解本土文化，弘扬本土艺术，我们挖掘一些适合幼儿倾听、说唱的鼓词内容并使其渗透于幼儿活动之中。

二、主题总目标

1. 让幼儿了解鼓词是我们瑞安有代表性的曲种，是一种说唱艺术，认识伴唱乐器：牛筋琴、三粒板、扁鼓。

2. 激发幼儿热爱家乡传统民间文化的情感。

3. 通过欣赏、学习，学唱简单的唱段。

活动一：认识鼓词

活动目标：

1. 通过瑞安鼓词选段欣赏，初步了解瑞安鼓词表演的艺术特点。

2. 激发幼儿对瑞安鼓词的兴趣及热爱家乡文化的情感。

3. 鼓励幼儿大胆地进行表演，体验表演的快乐。

活动准备：

相关乐器的照片（牛筋琴、扁鼓、三粒板），欣赏的碟片一盘。

活动过程：

1. 欣赏鼓词片段，初步感知鼓词的艺术表现形式。

提问：你们刚才看到的、听到的是什么？喜欢鼓词吗？喜欢鼓词的什么地方？

2. 了解乐器。

（1）教师出示图片。提问：你们知道这些乐器叫什么吗？

（2）欣赏图片，并一一进行认识。

3. 交流鼓词的艺术表现形式。

提问：这些乐器是怎么表演的？你刚才看到的鼓词演员是怎样表演的？有几个人表演？

小结：鼓词的表现形式大致分为三种：一个人唱的叫单档，两个人唱的叫双档，多个人唱的叫多档。

4. 幼儿再次欣赏碟片。欣赏鼓词，感受不同的唱腔。

提问：鼓词和我们平时听到的歌曲一样吗？有什么不同？鼓词里面唱的什么？（师简单介绍内容）你们平时听过鼓词吗？在什么地方听过？

小结：鼓词是用瑞安方言唱的，有时候是合着乐器说的，所以鼓词是一种用瑞安话说唱相结合的民间艺术。

5. 再次欣赏鼓词，幼儿表演。

要求幼儿与刚才表演的叔叔阿姨一起表演。

活动二：鼓词板报

活动目标：

1. 帮助幼儿梳理鼓词的相关零散知识，增进对鼓词艺术的认识与了解。

2. 激发幼儿对民间鼓词的兴趣。

活动准备：

制作好的鼓词小板报。

活动过程：

1. 幼儿介绍小板报，进行交流活动。

2. 颁发小板报的获奖证书。

活动三：我和阮世池爷爷做朋友

活动目标：

1. 通过该活动，进一步增进幼儿对瑞安鼓词的认识。

2. 能大胆地向阮爷爷提出自己的疑问，发展幼儿的口语表达能力。

3. 感受民间鼓词的艺术魅力，激发幼儿对民间鼓词的兴趣。

活动准备：

1. 事先联系好阮爷爷来为小朋友做演出。

2. 联系好场地。

3. 准备好道具。

活动过程：

1. 介绍阮世池爷爷。

阮爷爷来和我们小朋友做好朋友，你想问问阮爷爷什么问题？（教师，有针对性地记录幼儿的提问）

2. 阮爷爷向小朋友介绍瑞安鼓词的发展和历史，以及自己的从艺经历。

3. 阮爷爷表演鼓词“老鼠告状”、“小宁宁惊梦”。

活动四：夸瑞安（瑞安鼓词欣赏）

活动目标：

1. 让幼儿了解鼓词是瑞安地区有代表性的曲种，是一种说唱艺术，伴唱的乐器有牛筋琴、三粒板、扁鼓。

2. 激发幼儿热爱家乡传统民间文化的情感。

3. 感受鼓词说唱的形式，练习节奏 OX OX|O XX|。

活动准备：

幼儿相关经验的积累；多媒体课件、牛筋琴、三粒板、扁鼓；幼儿每人铃鼓一个。

活动过程：

1. 激趣：听鼓词片段(瑞安鼓词 “小宁宁惊梦”)。

提问：这段鼓词我们听过的，它的题目叫什么?“小宁宁惊梦”讲了件什么事?刚才爷爷唱的鼓词和我们平时唱的歌曲一样吗?有什么不一样?

2. 说鼓词的说唱内容，听鼓词说唱的节奏。

（1）第一遍欣赏民间艺人的表演，了解唱词。

师：今天柯老师还带来了一段新的瑞安鼓词 “夸瑞安”，我们来听听这段鼓词又唱了些什么？（幼儿边说师边演示相应的幻灯片，并用瑞安话进行翻译、

活动过程：

范唱）

（2）第二次欣赏民间艺人的表演，听听扁鼓的节奏型。

师：你们是不是都说对了呢？现在请你们再来听一听，听的时候还要注意扁鼓是在什么时候敲的？它的节奏又是怎样的？

（3）学习扁鼓节奏型 OX　OX|O　XX|。

师：那扁鼓敲打的节奏是怎么样的呢？（师出示图谱）我们一起来看一看，学一学。

（4）第三遍欣赏民间艺人的表演，幼儿尝试用手掌进行伴奏。

师：现在我们一起来试试用手掌当扁鼓，再次欣赏爷爷的演唱，我们为他伴奏好吗？

3. 感受鼓词的说唱形式。

（1）老师范唱，幼儿用扁鼓进行伴奏。

（2）分组练习。

4. 集体学习演唱，结束活动。

活动分析：

活动的开展受到了幼儿和家长的欢迎和协助，在幼儿自主收集材料、亲身体验、同伴交流、教师系统讲解和制作小板报等基础上，展开了形式多样的教学活动。通过一系列的活动，幼儿对瑞安鼓词有了一定的了解与认识，丰富了幼儿对瑞安本土民间艺术的认识。

活动五：鼓词谜语《彩虹》

第一课时：

活动目标：

1. 在初步掌握鼓词的语言特点的基础上，尝试用瑞安方言来翻译谜语《彩虹》的谜面。

2. 激发幼儿学唱鼓词的兴趣。

活动准备：

图片一副

活动过程：

1. 引题：教师演唱瑞安鼓词《老鼠告状》第一段。

提问：你知道我唱的是什么吗？

讨论：听了《老鼠告状》以后，你觉得瑞安的鼓词和我们平时唱的歌曲、平时说的故事有那些不一样，它都有哪些特点？

（巩固区分瑞安鼓词的说唱形式、语言特色、乐器等方面特点）

2. 游戏《小翻译》：你会说瑞安话吗？让我来考考你？

方法：用我说你猜或你说我猜，或看图片等形式，练习翻译彩带、天空、颜色、太阳、挂、西、东、红、黄、蓝等词语。

3. 游戏：猜谜语《彩虹》。

（1）教师用瑞安话慢速示范一次。提问：你听懂哪一句？并随机学说完整句子。（参考平时儿歌学习的方式。）

（2）幼儿猜谜语，并用瑞安话学说：彩虹。

（3）完整学念谜面 2~3 次。

4. 欣赏教师表演鼓词谜语——《彩虹》。

第二课时：

活动目标：

1. 初步学唱鼓词乐曲谜语《彩虹》；练习后延音，感受鼓词演唱韵味。

2. 初步接触鼓词弱起节奏 OX　OX|O　XX|。

活动准备：

彩虹图片一幅，节奏卡一张。

鼓词乐器：扁鼓、牛筋琴、三粒板。

活动过程：

1. 引起兴趣。

出示彩虹挂图：还记得这个谜语吗？谁会把这个谜语的谜面用瑞安话讲出来？

2. 巩固联系用瑞安方言讲述谜语《彩虹》，初步接触鼓词基本节奏型 OX　OX|O　XX|。

（1）针对幼儿的熟练程度，运用个别、小组、集体等多种形式练习用瑞安方言学说《彩虹》谜面。

（2）在幼儿学说的过程中，教师穿插用扁鼓示范“你棒　你棒| 你　真棒 | ”的节奏型来表扬幼儿，在此基础上让幼儿尝试用扁鼓练习敲击节奏 OX　OX|O　XX|。

3. 学唱鼓词谜语《彩虹》。

（1）教师范唱鼓词谜语《彩虹》一遍。提问：你最喜欢哪一句？

（2）这首歌曲和我们平时唱的歌曲有什么不一样？教师重点示范后延音的演唱方法，幼儿学唱。

（3）幼儿完整学唱鼓词谜语《彩虹》。

4. 请幼儿用鼓词演唱的方式，为家长和好友表演《彩虹》。

活动六：鼓词广告《藤桥熏鸡》

第一课时：

活动目标：

通过欣赏鼓词广告《藤桥熏鸡》，让幼儿感受鼓词的另一种新型的表现形式，知道人们为了保护这一优秀的文化遗产而正在积极的努力，激发幼儿热爱我们瑞安的独特的民族文化，热爱家乡。

活动准备：

VCD 光碟《藤桥熏鸡》。

活动过程：

1. 讨论一：古代的人们都是在什么时候，什么地方听鼓词的。谁最喜欢听鼓词。

2. 讨论二：为什么现在都很难找到专门听鼓词的地方了。

3. 讨论三：瑞安鼓词这么优秀、这么好听，你有什么办法让年轻的爸爸妈妈、叔叔阿姨也去听，也去喜欢呢？

4. 教师：“有很多的人都在努力保护着我们的鼓词文化，并且还把它变换成人们爱听爱看的模式，今天老师就带来了一首广告，请你听一听，它有什么秘密。”

幼儿欣赏鼓词广告《藤桥熏鸡》

5. 提问：你听到的是什么？它和我们平时的广告有什么不同？为什么说它是用鼓词的形式来演唱的？（重点引导幼儿体验运用鼓词的唱腔风格演唱的广告。）

活动过程：

教师小结：原来，为了让更多的人去喜爱我们瑞安的鼓词，有很多的老艺术家们，想出好的方法，把广告编成鼓词的形式，这样就会有更多的人去看去听了。那么大家就都知道我们瑞安有好听的瑞安鼓词了。

6. 请幼儿也来想一想，还能有什么好办法可以来宣传我们的瑞安鼓词。请他们来做小小鼓词宣传手。

第二课时：

活动目标：

在欣赏鼓词广告《藤桥熏鸡》的基础上，初步尝试为瑞安的特产创编鼓词广告。

活动准备：

VCD 光碟《藤桥熏鸡》

各类瑞安的土特产，如：李大同的双炊糕；糖金杏；南山的索面等

活动过程：

1. 欣赏鼓词广告《藤桥熏鸡》，回忆广告内容。
2. 你都听到广告里是怎么介绍藤桥的熏鸡的？你最喜欢听哪一句。还有什么听不明白的？
3. 逐句学唱。
4. 再次完整欣赏，完整学唱。
5. 讨论：藤桥的熏鸡用了鼓词广告的方法来宣传，就有更多的人知道并喜欢了。那么瑞安还有哪些有名的特产，我们也可以这样宣传呢？
6. 尝试变化《藤桥熏鸡》广告中的产品名称，仿编鼓词广告。

教师出示各种瑞安的特产，请幼儿分小组自由选择一种产品，讨论仿编。

7. 每一小组轮流表演自编的鼓词广告。
8. 延伸活动：教师将各类产品摆放在班级课题区角中，请幼儿课后尝试运用其他产品来进行创编活动。

活动七：鼓词诗歌《山行》

牛筋琴

活动目标：

1. 学习运用鼓词形式演唱古诗《山行》。
2. 练习节奏型 X　X|OO　X|，并能运用该节奏型为鼓词诗歌《山行》伴奏。

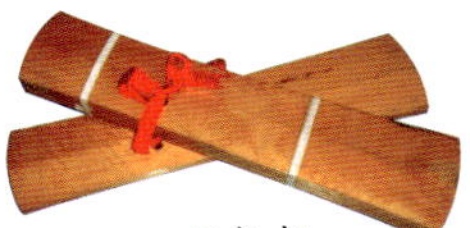

三粒板

活动准备：

幼儿课前已经会朗诵

《山行》图片一副；鼓词配套乐器；幼儿用扁鼓人手一个。

扁鼓

活动过程：

1. 复习朗诵诗歌《山行》。
2. 用瑞安方言为《山行》做翻译。
3. 学唱《山行》。
4. 用拍手、拍肩、拍腿等形式，练习节奏 X　X|OO　X|。
5. 尝试运用扁鼓敲击节奏 X　X|OO　X|，为教师演唱的鼓词《山行》伴奏。
6. 运用节奏 X　X|OO　X| 为同伴的演唱伴奏。
7. 延伸活动：在鼓词活动区，设计鼓词小舞台，请幼儿继续表演。

丰富多彩的民间游戏（大班）

柯芙蓉　金小琴

一、主题背景

如今，随着高科技玩具的出现，民间游戏对于今天的孩子来讲逐渐陌生。而“民间游戏”主题活动的开展既能开拓幼儿视野，发散幼儿的思维，又对幼儿责任意识、合作意识的培养具有极大的作用。

二、主题总目标

1. 在自主游戏活动中，增强他们对家乡、对祖国的热爱之情，在“玩”中体验民间游戏的乐趣。
2. 增进对民间游戏的了解，激发幼儿乐于与他人分享游戏快乐的情感。
3. 理解行为规范的重要，并努力遵守。
4. 促进创造力、想象力、表现力和动手能力的发展。

活动一：赛龙舟

活动目标：

1. 锻炼幼儿的腿部力量和协调性。
2. 体验团结协作的乐趣，培养竞争意识。

活动准备：

观看赛龙舟的录像，节奏轻快的音乐，收录机，红旗一面。

活动过程：

1. 准备活动。

听音乐，师生一起做模仿动作。

2. 玩“赛龙舟”游戏。

（1）幼儿自由结伴五人一组，后面的幼儿依次抱住前面幼儿的腰或者拉住衣服，蹲着向前走。

（2）组织谈话。

提问：“赛龙舟”的游戏好玩吗？怎样让“龙舟”上的小朋友走得一样快？怎样让“龙舟”顺利地划起来呢？（在赛龙舟时要一起出同一个方向的脚）

（3）幼儿再次玩“赛龙舟”游戏。

老师观察幼儿游戏的情况，进行个别指导。

3. 竞赛游戏：赛龙舟。

（1）幼儿每五人组成龙舟，并排从起点出发，开展龙舟赛。

（2）加大难度，八人一组或十人一组，再次比赛。

4. 放松整理活动。

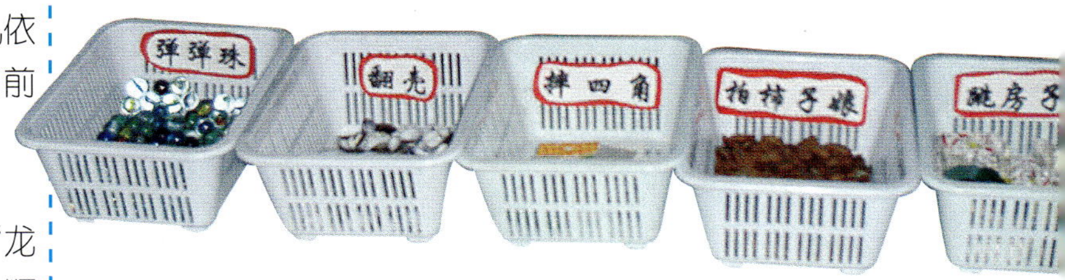

活动二：荷花荷花几时开

活动目标：

1. 帮助幼儿巩固有关四季花卉名称的知识。
2. 引导幼儿用“什么花儿几月开”的句式，大胆而又正确地说出各种花儿几时开的短句。
3. 提高幼儿的听说能力，激励幼儿愉快轻松地做游戏。

活动准备：

荷花一朵，事先丰富幼儿有关四季花卉名称的认识。

活动过程：

1. 出示荷花。提问：这是什么？（荷花）你想知道荷花是几月开的吗？听听荷花姑娘会告诉我们什么。

2. 玩游戏“荷花荷花几时开”。

介绍游戏的规则：

（1）集体提问，个别幼儿轮流回答并相互传递荷花。

（2）儿歌念至“七月荷花全部开”时，拿到荷花的小朋友上来扮花仙子，其他幼儿蹲下，双手摆成花瓣状。

（3）花仙子必须向他的同伴小荷花发问：“什么花儿几月开？”小荷花必须回答。回答正确，花仙子就将荷花递给他，游戏继续进行。若回答不正确，则停止他游戏一次，由旁边的同伴代替回答，幼儿重新进行。

活动分析：

相对于一些运动性的民间游戏，这个问答游戏可能对大班孩子的要求稍微高了一些。以致于在刚开始时，幼儿总是不能顺利地完成老师分配的任务。但是当幼儿掌握了一些知识，游戏玩过数次后，就显得越来越顺利了。幼儿在游戏的活动中体会到了成就感。

活动三：跳房子

活动目标：

1. 练习单脚连续跳。

2. 提醒幼儿跳格格时不踩线。

3. 引导幼儿发现跳格格的不同方法（纵跳、恒跳、对脚跳等），发展幼儿的探索能力。

活动过程：

（略）

活动分析：

在进行民间游戏“跳房子”的活动中，我们发现孩子们熟悉了玩法后，能自己想出多种玩法。在他们的启迪下，教师又设计了各种格子，有生活方面的、计算方面的等，这样一来，跳格格游戏不但发展了幼儿单脚跳的运动能力，而且还促进了幼儿的探索能力。

美丽瑞安 文学之缘（小班本土民间文学活动）

薛美美

一、主题背景

当你迈步走进一所幼儿园看到这样的景象：当老师吟唱那古老的家乡童谣，或讲述那些流传几代人的家乡故事时，看到的是孩子们聚精会神的目光和认真的神态，随之是摇头晃脑的跟吟。无疑，这样的情景是让人羡慕的，亦是孩子身心发展所必须的。然而，家乡民间文学在社会发展中遇到了危机，那么怎样让我们的孩子知道自己家乡的文化特色与优势，逐渐增强民族自豪感和凝聚力呢？作为幼教工作者，我们有责任让传统文学精华世代传承，千古弦歌，后继有人。因此，根据幼儿的兴趣和年龄特点，结合我园实际情况特尝试开展相应的民间文学教学研究，探索其有效的教学方法、模式和途径。

二、主题总目标

弘扬本土文学，振奋民族精神，培养面向21世纪秉承中华民族传统美德的新一代。

活动一：大沙洗沙

活动目标：

1. 学习童谣，体验民间文学的乐趣。
2. 通过创编游戏，培养幼儿的创造力和想象力。
3. 培养幼儿爱家乡的情感。

活动准备：

图谱一张。

活动过程：

1. 欣赏童谣。提问：这首童谣和我们平时念的童谣有什么不一样？

2. 学念童谣，并学做游戏。

(1) 师：知道童谣里说了些什么吗？

(2) 边欣赏童谣边出示图谱，幼儿理解童谣的内容并学念。

(3) 学习游戏。

3. 幼儿创编游戏。

(1) 幼儿分组自由创编，教师巡回指导。

(2) 介绍创编的玩法，集体来学一学。

活动分析：

“大沙洗沙”这首童谣语句压韵，说起来朗朗上口，尤其是最后一句十分贴近幼儿的实际生活。小班幼儿情感外露，以知觉形象思维和无意注意为主，如果配上相应的游戏，孩子便更容易进入情境。通过本次活动，得到的启发是：在教学活动中，我们要更精心地选择趣味性强、符合小班幼儿年龄特点的教材，并对教材作适当的改变。只有这样，我们才能更好地满足幼儿的兴趣和需要。兴趣是幼儿学习活动的助推器，有了兴趣，再困难的学习活动幼儿也会乐此不疲。

活动二：叮叮当

活动目标：

1. 让孩子感受歌曲的优美旋律及节奏，学唱歌曲。
2. 体验歌曲中熟悉的地名，增强爱家乡的民族自豪感。

活动准备：

1. 事先拍摄玉海楼，请家长带幼儿到隆山塔、玉海楼参观、游览。
2. 碰铃一对，音乐磁带“叮叮当”儿歌一个。

活动过程：

1. 熟悉旋律，幼儿听“叮叮当”音乐进活动室。

师：小朋友们，今天老师给大家带来了一首用我们家乡话唱的歌，你们想不想听吗？

2. 观看录像。

提问：你看到一些什么地方？你去过吗？那儿都有什么？你们还听到了什么？是什么声音？

小结：这么好听的钟声，让我们一起来学一学。

活动分析：

有些童谣的节奏感很强，韵律很美，配上相应的曲调更是让幼儿喜欢。幼儿对音乐的敏感本身就很强，加上幼儿好动的天性，“叮叮当”的音乐曲调和乐器相结合恰恰满足了幼儿好动的特点，让幼儿感受到了童谣的艺术美。在幼儿会朗诵童谣的基础上，配以和谐的旋律，就是让幼儿边唱边用形象的动作展示童谣的经典之美，再次让幼儿在“叮叮铛”中感受童谣的魅力。

活动过程：

3. 学唱歌曲。

师：你们喜欢歌唱瑞安的这首歌吗？我们来为歌曲伴奏好吗？

游戏数次。

活动三：隆山塔

活动目标：

1. 通过看、听、说等交互活动，帮助幼儿更多地了解隆山塔的风物民俗。

2. 培养幼儿大胆讲述隆山塔美丽的风景，并用各种方法表现美丽的隆山塔。

3. 激发幼儿热爱家乡，长大建设家乡的美好情感。

活动准备：

多媒体图片、画纸、彩笔等。

活动过程：

1. 看看说说，激发幼儿的兴趣。

（1）幼儿集体观看“隆山塔”图片。

提问：这是什么地方?幼儿先自由讨论。

（2）讲述隆山塔的民间地方传说，加深幼儿的印象。

提问：隆山塔是怎么来的？一个人在这块地方发现了什么？人们为什么要在此地建造这座塔？

2. 进一步了解隆山塔的建构及文物价值。

小结：隆山塔建于宋朝，有600多年的历史，是我们瑞安的标志。

3. 分组绘画，教师给予适时帮助。

幼儿以隆山景点为主，分组进行造型、制作和绘画活动。教师提供活动材料，提出注意事项，并辅导幼儿的创作。

4. 分享交流，拍照留影。

幼儿结合故事内容，并相互欣赏作品，拍照、留影。

活动分析：

本次活动最值得一谈的是，就是用绘画方法表现美丽的隆山塔。经过第一次画隆山塔，这次画隆山塔时幼儿对隆山塔的造型有了一定的了解，各个心中都有了自己设计的图形。有的说：“我要画圆形的塔。”有的说：“我要画像东方明珠式的塔形。”还有的说：“我要画梯形的塔，再在上面装上漂亮的图形。”绘画完成后，小伙伴间相互欣赏、交流，并拍照留念。

中班本土民间文学"快乐童谣"

李秀芳　王丽娜　薛美美　姚文婉　何可可　李慧

一、主题背景

一个地方的方言，包含了大量当地的文化信息。学会方言，除了让孩子传承家乡的文化以外，更让孩子明白并尊重地方与地方之间的差异性。童谣作为语言艺术的一种，简练、有趣，更易于幼儿欣赏、接受和效仿。而且，童谣的短小精悍，其中大多配合肢体动作及游戏，增强了趣味性，符合幼儿爱动、爱玩的心理。同时，童谣还是引导幼儿学习本土文学的良好途径。因此，将民间童谣编入教材，扩大幼儿生活和学习的空间，是一项非常好的举措。

二、主题总目标

1. 弘扬本土文学，感受瑞安方言的魅力，培养幼儿热爱家乡民间文化的情感。
2. 在学习瑞安方言童谣的基础上，通过民间游戏让幼儿体验其中的乐趣。
3. 培养幼儿的创造力、想象力及口头表达能力。

活动一：家乡的童谣

活动目标：

1.帮助幼儿初步了解瑞安歌谣，知道瑞安儿歌是瑞安特有的文学内容，并帮助幼儿建立初步的感性认识。

2.通过对瑞安儿歌的学习，加深幼儿对家乡民俗文化的认识，提升幼儿的民俗意识和情感，增强自豪感与自信心。

3.通过学习促使幼儿会听、会讲瑞安方言。

活动准备：

多媒体、家长资源、两位表演的幼儿。

活动过程：

1.幼儿表演瑞安童谣——"你姓妮？"

师：刚才小朋友表演的是什么？（瑞安童谣）

我们学过很多的瑞安童谣，除了刚才的"你姓妮？"还记得哪些童谣呢？

2.引出"瑞安儿歌"内容。

师："瑞安儿歌"都有哪些？你们想不想听我们请轩轩的奶奶为大家表演。

3.教师分析部分瑞安儿歌内容。

师：儿歌跟瑞安童谣有一个相同的地方是什么？（方言讲的）你们都听懂了吗？哪里听不懂？（幼儿自由讲述）

4.利用幻灯片进行介绍，教师解说。

5.教师小结。

活动分析：

用瑞安方言来上课，幼儿感到很新奇。当轩轩的奶奶为大家朗诵童谣后，孩子们都兴奋地纷纷发表自己的想法。这是一个很好的活动开端，说明孩子们对瑞安童谣很感兴趣，这对以后活动的开展是非常有利的。同时，通过学习瑞安童谣，让幼儿从小就埋下爱家乡的种子，让家乡的本土文化走进他们心中，这对幼儿一生的发展都是有益处的。

活动二：点脚雷盘真好玩

活动目标：

1. 幼儿学习用瑞安方言念童谣“点脚雷盘”，能大胆的朗诵。

2. 对瑞安童谣产生兴趣，感受瑞安方言的魅力。

活动准备：

童谣“点脚雷盘”内容、磁带、录音机。

活动过程：

1. 老师引出引题。

师：今天老师就给你们带来了一个很好玩的民间游戏“点脚雷盘”。

2. 学念童谣。

(1) 欣赏童谣录音。提问：你们觉得这首童谣好听吗？你觉得哪句最有意思？

(2) 幼儿学习童谣“点脚雷盘”。

3. 学习民间游戏。

(1) 师讲解游戏玩法。

(2) 幼儿分组进行游戏，教师巡回指导。

活动分析：

以游戏的形式加深幼儿对童谣的理解和记忆，对幼儿学习童谣起到了事半功倍的效果。在活动中我编排了一些游戏动作，然后请两个或更多的小朋友一起玩。这样的游戏过程，既让幼儿掌握了童谣，又培养了他们的合作能力与合作精神。

活动三：摆摆龙船

活动目标：

1. 学习童谣，体验民间游戏的乐趣。

2. 通过创编游戏，培养幼儿的创造力和想象力。

3. 培养幼儿爱家乡的情感。

活动准备：

图谱一张。

活动过程：

1. 教师引出课题。

师：小朋友，你们看过划龙舟吗？关于划龙舟还有一首非常有趣的童谣呢！

2. 学念童谣，并学做划龙舟的游戏。

(1) 师：童谣里都说了些什么吗？（出示图谱）引导幼儿理解内容。

(2) 师：告诉你们吧，这首童谣还可以做游戏呢，我们一起来试试。（幼儿学做游戏）

3. 幼儿创编游戏。

(1) 小朋友能不能想出更有趣的玩法呢？幼儿分组自由创编，教师巡回指导。

(2) 请小朋友介绍各自的玩法，集体来学一学。

活动分析：

在瑞安，每年端午节都有划龙舟的习俗。因此，活动中让幼儿在模仿的基础上去创编游戏，不但可以进行各种各样的探索、操作活动，还能根据自己的兴趣与想象来模仿和表现周围的人与事物，同时在游戏中扩展和加深了孩子们对周围事物的认识。

·民俗风情·

中班本土风情“曹村灯会”活动方案

胡丹　应晓宁　谢萍　金霜

一、主题背景

每逢元宵节，全国各地的人们都会以不同的方式来欢庆这一节日。时至今日，我们瑞安仅曹村镇尚存元宵闹花灯的习俗。元宵晚上，花灯队、舞龙队、舞狮队、鳌鱼队、腰鼓队绕镇慢行，沿街两旁观灯群众比肩接踵，争相探头观灯；最幸福的就是孩子们，被父母抱在手中，各色灯笼经过时，还不忘拿手去触摸，开心的笑容如夜空绽放的烟花般灿烂。“曹村灯会”活动就是在这样的背景下生成和展开的。本主题旨在通过幼儿对瑞安本土风俗的了解，加深对家乡的认识，进而激发热爱家乡的情感。

二、主题总目标

1. 了解元宵节的来历，体验元宵节欢乐、喜庆、祥和的气氛。

2. 在观看瑞安曹村元宵灯会的基础上，通过一系列的艺术教育活动，让幼儿了解瑞安曹村元宵灯会活动，认识家乡的本土风俗，从而激发幼儿的民族自豪感及热爱家乡民族文化的情感。

3. 培养幼儿愉快的情趣，发展幼儿的思维能力、口语表达能力以及动手操作能力。

活动一：观赏曹村灯会盛况（综合活动）

活动目标：

1. 让幼儿了解曹村元宵节灯会的历史及活动盛况。

2. 能用清楚连贯的语言描述活动的场景，充分体验传统节日的欢乐气氛。

3. 培养幼儿热爱家乡、热爱生活的情感。

活动准备：

1. 活动前请家长带幼儿看灯会，给幼儿讲灯，丰富他们对花灯的认识。

2. 已剪好的花灯录像。

3. 有过过节的生活体验。

活动过程：

1. 忆元宵。

谈话引出幼儿的回忆，谈过元宵节的情景。

2. 观看灯会录像。（幼儿分段欣赏）

观看录像一：曹村人们的庆祝方式。提问：人们是怎样庆祝元宵节的？你最喜欢什么活动？为什么？

观看录像二：活动盛况。提问：曹村的灯漂亮吗？你都看到了哪些灯？你们知道这些花灯是谁扎的吗？曹村的人们都会扎什么花灯？你最喜欢什么灯？为什么？

观看录像三：了解历史。提问：曹村的灯会是怎么来的？

3. 教师小结。

师：看了曹村灯会的活动，你的心情怎么样？曹村的老人扎的灯笼很漂亮，可是老人们年纪大了，扎灯笼对他们来说太辛苦了，我们小朋友有什么办法来帮助爷爷奶奶们吗？

小结：曹村灯会是瑞安非常有特色的民俗活动，每年的元宵节我们瑞安都有很多人赶去看灯。下次我们一起去向曹村的爷爷奶奶们学扎灯笼，在元宵节时挂上我们自己扎的灯笼，让我们整个瑞安的元宵节变得更热闹、更美丽！

活动二：曹村舞龙乐（综合活动）

活动目标：

1. 学习小组合作制作长龙，体验与老师、小朋友一起参与活动的乐趣。

2. 培养幼儿上、下肢动作的协调能力及与同伴的协作能力。

3. 开拓思维，培养幼儿创造能力。

活动准备：

1. 音乐磁带“金蛇狂舞”、录音机、舞龙录像片断。

2. 制作材料：制作好的龙头，长布条、皱纸、废旧碟片等。

3. 制作工具：双面胶、剪刀、画笔等。

活动过程：

1. 观看舞龙录像，激发兴趣。

2. 出示材料，师生共同设计。

3. 小组合作，制作舞龙。

4. 玩游戏：舞龙。

（1）教师分组进行指导，引导幼儿思考：怎样让龙舞起来？怎样才能保证安全？龙怎样舞更喜庆一些？

（2）各组幼儿分别进行练习，相互指导，相互合作，比一比看哪一组配合得好。

（3）请准备好的一组幼儿上前为大家进行展示，并讲一讲合作经验。

（4）各组幼儿进一步练习，教师巡回指导。

5. 结束。每组幼儿配合音乐按顺序出场，进行集体展示。

活动分析：

这个活动是幼儿在认识了传统元宵节的基础上，拓展到曹村灯会主题的第一个活动。当我问小朋友：“你们知道我们瑞安人过元宵都有些什么活动吗？”孩子们七嘴八舌的说开了，从而很自然地将孩子带进曹村灯会的情境中。尽管孩子去看过曹村灯会，但他们对灯会的感受只停留在表面的感性经验上，并没有进行疏理。通过这节课幼儿对曹村灯会的由来、花灯的样式等有了进一步认识，更重要的是激发了幼儿热爱家乡的情感。

活动分析：

此次活动最大的特点就是民族气息浓厚的环境创设以及富有价值的活动内涵。因为龙是我们中华民族的象征，所以在喜庆的日子，老百姓都会用舞龙舞狮来表达自己喜悦的心情，曹村每年元宵节时也不例外。幼儿在观看了曹村人们舞龙舞狮的表演后，情不自禁地跟着扭起来。在整个过程中，幼儿一直处于积极主动的地位，孩子们自己想出了多种舞龙动作：跳、钻、迂回等。

活动三：“巧手迎新”现场灯笼制作比赛（亲子活动）

活动目标：

1. 大胆尝试，选择不同材料进行装饰、制作灯笼，并从中体验亲自动手操作的乐趣。

2. 通过活动培养幼儿的审美情趣，发展幼儿的创造力，从而激发热爱家乡民族文化的情感。

3. 体验亲子活动的快乐，获取制作传统灯笼的相关经验。

活动准备：

1. 已有的生活经验，对曹村元宵灯会有了一定的了解。

2. 联系曹村会做灯笼的老人现场教孩子扎灯笼。

3. 准备各种制作灯笼的材料。

活动过程：

1. 给幼儿介绍曹村唯一会扎灯笼的老人。

2. 出示制作好的曹村灯笼，让小朋友和家长欣赏。

提问：这些灯笼是用什么材料装饰制作的？还可以在哪些部位进行装饰？小朋友想不想亲自尝试一下呢？

3. 亲子活动“巧手迎新”，现场灯笼制作。

先请老人现场示范。再幼儿操作，家长辅助，教师巡回指导，并及时给予帮助。

（1）操作要求：在使用工具时要注意安全，保持一定的安静。

（2）适时地表扬有创意的作品，展示给小朋友看。

（3）请先制作好的幼儿向大家作介绍：我是用什么材料设计的。

4. 灯笼展示秀。

（1）幼儿走上T型台，扮演模特展示自己的灯笼。

（2）邀请家长和孩子同台留影。

活动分析：

活动充分调动了幼儿的参与性，孩子们通过丰富的想象力和创造力，与家长合作设计出不同款式的灯笼。让我们领略到孩子们内心深处的真、善、美。特别是活动的最后，小朋友扮演模特展示自己的灯笼，一下子就把活动推向了高潮。孩子在台上表现得那么自信、大方，家长们都很激动，使劲地鼓掌。最后家长和孩子一起走上舞台，和孩子们一起拍照，留下了这美好的一刻。

活动四：民俗文化——赏花灯、猜灯谜

活动目标：

1. 引导幼儿了解赏花灯、猜灯谜是元宵节的风俗习惯之一，感受过节的愉悦心情。

2. 能用清楚连贯的语言描述自己的花灯，并讲述一个谜语。

3. 发展幼儿的语言交往能力。

活动准备：

1. 物质准备：每人准备一盏花灯，上面贴有一则谜语；小奖品若干。

2. 知识准备：有过过节的生活体验。

活动过程：

1. 导入。

开门见山地引入主题：正月十五闹花灯，赏灯猜谜就是我们元宵节的风俗习惯之一。

2. 展开。

（1）赏灯活动：幼儿相互欣赏各自的花灯，教师引导幼儿用连贯的语言介绍自己花灯的形状、颜色、名称及特别之处等。请几名幼儿给大家介绍自己的花灯。

（2）猜谜活动：教师将幼儿分成两组，A组持有花灯和奖品，并给B组幼儿念谜语，B组来猜灯谜，猜中了即得奖品。

集体讲述自己猜谜的情况。幼：谁猜中了我的灯谜？我自己猜中了几个灯谜。

集体将难猜的灯谜找出来，大家一起猜，或带回家请爸爸妈妈帮助猜。

3. 结束。

将A组和B组得到的奖品比一比，看哪队胜利了？

鼓励幼儿将自己猜到的谜语回家说给爸爸、妈妈听，让他们也来猜一猜。

中班课题活动“端午风情游”

应晓宁　胡丹　金霜

一、主题背景

端午节是我国的三大传统节日之一，瑞安端午节的风俗有包粽子、赛龙舟、挂香袋、煮咸鸭蛋、碰蛋、插艾草、菖蒲等。本主题旨在通过课题活动，展示我们瑞安多姿多彩的民族文化、奋进不息的民族精神，让幼儿了解瑞安民俗文化的丰富内涵，感受乡土文化的独特魅力，同时增进幼儿对中国传统文化的了解和兴趣，并激发他们初步的民族自豪感。

二、主题总目标

1. 知道端午节是中华民族的传统节日，乐于了解瑞安端午节的一些风俗和来历。
2. 通过观看龙舟赛，使幼儿对中国的传统文化感兴趣，产生初步的民族自豪感。
3. 引导幼儿了解瑞安民俗文化的丰富内涵，感受乡土文化的独特魅力。
4. 通过参与一些节日准备和亲子活动来锻炼、发展幼儿的动手能力。

活动一：端午风情（综合活动）

活动目标：

1. 了解端午节是我们中国特有的传统节日，了解其由来及相关的民间风俗活动。
2. 培养幼儿的语言表达能力。
3. 体验瑞安民俗活动的乐趣，激发幼儿对民俗文化的兴趣。

活动准备：

1. 课前准备：请每位幼儿回家了解端午节的相关知识，并把自己积累的资料或实物带来。
2. 教具准备：关于端午节的 flash，粽子、艾草、雄黄酒、菖蒲等。

活动分析：

活动中运用flash让孩子对端午节的认识没有仅仅停留在教师的讲述中，而是多感官地去感受和理解。在课堂中我们发现孩子对传统节日中的风俗习惯并不了解，因为现在很多家庭都已经没有挂艾草和菖蒲的习惯。通过这节课孩子对端午节有了比较详细的了解。

活动过程：

1. 回忆已有知识，大胆进行表述。

(1) 提问：什么节日我们要吃粽子？端午节除了吃粽子，还有哪些活动？出示粽子，以谈话进行引题。

(2) 知识共享，大胆解说。

师：我们小朋友也知道了很多有关端午节的知识，现在请你们把自己所知道的知识与大家分享一下，谁愿意？

(3) 出示实物与幼儿互动。

师：今天老师也带来了一些东西，我们一起来看看。（师一一出示实物、进行解说）

2. 梳理、整合经验。

(1) 观看 flash，了解端午节的由来。

(2) 教师出示艾草、蒜头、菖蒲，了解它们的特征，讨论它们的用途。

(3) 出示鸭蛋网，讨论它的用处及来历，并欣赏鸭蛋网的造型和结构美。

(4) 提问：我们为什么要过“端午节”？人们过端午节是为了纪念谁？

(5) 师：人们为了纪念屈原，在端午节搞了这么多的活动，那你们喜欢屈原吗？为什么？你觉得他是一个怎样的人？

3. 总结谈话，离开活动室。

活动二：包粽子（亲子活动）

活动目标：

1. 鼓励幼儿学习包粽子，获取制作粽子的相关经验。
2. 通过活动培养幼儿的动手能力，发展幼儿的创造力。
3. 体验亲子活动，分享乐趣，激发幼儿对家乡民俗活动的兴趣。

活动准备：

1. 联系会包粽子的热心家长。
2. 对端午节有了一定的了解。
3. 调好料的糯米、粽子叶、线和各种馅。

活动过程：

1. 引发兴趣。（播放欢乐的音乐，营造轻松的氛围）

2. 家长示范讲解包粽子的方法和技巧。

（1）介绍材料、原料和各种馅。

（2）家长示范包粽子，讲清楚要点。

（3）请个别幼儿上来尝试，家长重点指导。（指导孩子如何卷粽叶、如何压糯米、如何包裹和捆扎）

3. 幼儿操作。

（1）幼儿分小组操作，家长和老师巡回指导。

（2）在基本掌握方法的基础上鼓励幼儿大胆的创新。（包混合馅、尖角粽等）

（3）展示幼儿的成果。

4. 将粽子送去蒸煮。

5. 分享自己的劳动果实。

活动打破以往的教学模式，请家长们参与到我们的活动中，更体现课题的本意——我们瑞安的本土风情。在活动中幼儿亲身感受到了包粽子的乐趣，体会到了浓浓的端午风情。

活动三：实地观看龙舟赛——举行龙舟摄影展

活动目标：

1. 知道赛龙舟是瑞安端午节的重要民俗活动，了解龙舟赛的简单历史。
2. 亲身感受龙舟竞渡的热闹场面，对中国的传统文化产生兴趣，感受瑞安乡土文化的独特魅力。
3. 掌握简单的摄影方法，留下龙舟竞渡的精彩场景。

活动准备：

照相机。

活动过程：

1. 请家长带幼儿观看场面壮观的龙舟活动。
2. 请家长指导孩子拍摄龙舟竞渡的精彩画面。
3. 展示幼儿的作品，请幼儿自评、互评。
4. 挑选优秀的作品举行“小小龙舟摄影展”。
5. 对其他班级开放摄影展。

活动分析：

端午节看划龙舟是孩子们最喜欢的，那漂亮的龙身、响亮的锣鼓声、飘扬的彩旗让孩子们无比兴奋。这个活动让孩子们了解了龙舟的结构和龙舟的起源，从而拉近了孩子与历史的距离。

活动四：美丽的龙舟（艺术）

活动目标：

1．引导幼儿模拟构造龙舟，学习结构物体的基本特征与某些细微部分的建构方法。

2．引导幼儿欣赏和评价自己和别人的作品，与同伴分享成功的喜悦。

活动准备：

1．准备各种积木。

2．组织幼儿参观龙舟的画展。

活动分析：

通过拼搭积木的方式制作龙舟，将幼儿已有的经验加以贯通，并以新的形式展现出来，这对幼儿的发展很有意义。

活动过程：

1．结合端午节的划龙舟比赛，引导幼儿根据自己的已有经验说一说龙舟的基本特征。（幼儿自由讨论）

2．引导幼儿思考怎样用积木拼插龙舟？教师重点引导幼儿拼插龙舟的三角形船头、龙的形态，特别是龙头的建构。

3．幼儿分组制作龙舟，采用各种已学的技能进行拼插。

4．启发幼儿可大胆设计不同的龙舟，装饰龙舟的外形。

5．将幼儿自己制作的龙舟放在活动室的周围，并让幼儿互相参观、交流，评评谁的龙舟最有特色、创新。

•本土经济•

夸夸家乡的鞋（大班）

柯芙蓉　全海帆　金小琴

一、主题背景

瑞安拥有多家国字号鞋企业，如：塞纳集团、多尔康集团、荣光集团。结合我园课题，这是一个让幼儿了解瑞安经济、了解鞋子的好契机。根据孩子的兴趣和年龄特征，展开了“家乡的鞋”主题活动。

二、主题总目标

1. 参观知名鞋企，了解鞋子生产、制作过程，丰富幼儿对鞋子的认识，激发探索欲望。
2. 选择合适的鞋，学会自己穿鞋、系鞋带，提高自我动手能力。
3. 感受经济发展给家乡带来的种种好处，激发长大为家乡经济建设作贡献的美好愿望。

● 活动一：各种各样的鞋子（综合活动）

活动目标：

1. 了解生活中各种各样的鞋，学习按照鞋子的不同特征分类。
2. 体验穿合适鞋的轻松与快乐。
3. 尝试与同伴协商合作，进行操作活动。

活动准备：

（略）

● 活动二：参观中国赛纳集团

活动目标：

1. 知道赛纳集团是国内规模最大的安全防护鞋制造企业，为瑞安的经济建设作出了巨大贡献。

2. 参观制鞋车间，初步了解制鞋流程。

3. 感受经济发展给家乡带来的种种好处，激发长大为家乡经济建设作贡献的美好愿望。

活动准备：

（略）

活动过程：

1. 组织幼儿赴赛纳集团参观，集团人员为幼儿作相关的介绍。
2. 幼儿参观集团环境、制鞋车间、产品陈列室等地方。
3. 回园总结谈话。

（1）赛纳集团是生产什么鞋子的？

（2）有哪些种类的鞋子？劳保鞋有什么功能？

（3）这些鞋子销往哪里？

活动过程：

（4）你在工厂里看到的鞋子是怎么制作出来的？

（5）车间里的环境怎么样？（温度、气味等）

（6）工人叔叔工作辛苦吗？

（7）赛纳集团有什么中国之最？（规模最大、出口交货量最高、品种最齐全、防护功能最完善）

（8）赛纳集团为我们瑞安的经济建设作出了怎样的贡献？（纳税、就业问题等）

（9）你们觉得赛纳集团棒不棒？我们小朋友应该怎么做呢？（向叔叔阿姨学习，从小学好本领，长大了也要为家乡的经济建设作出巨大的贡献）

活动三：拖鞋装饰（美工活动）

活动目标：

1. 引导幼儿在理解纹样变化规则的基础上，发挥想象力和创造力，设计装饰拖鞋。

2. 引导幼儿学会运用对比色、调和色或有层次地着色，感受色彩美。

活动准备：

略

活动过程：

1. 导入活动，激发兴趣。

师：美丽的夏天马上就到了，多尔康鞋业集团想设计一组漂亮实用的拖鞋，他们正征集鞋样，你们想参加活动吗？

2. 引导幼儿观察拖鞋的结构、花纹和色彩。

师：这几双拖鞋是什么式样的？图案和花纹画在什么地方？颜色有什么特点？

幼儿讨论、回答后，教师小结。

3. 幼儿操作，教师指导。

（1）教师示范讲解。

（2）幼儿操作，教师巡回观察。

在适当的时候给予幼儿适当的引导和帮助。提醒幼儿注意：画轮廓时尺寸要放松，剪时也要放宽些。画纹样和色彩要搭配好，并掌握好对称。

4. 环境创设。

幼儿和老师一起动手将自己亲手制作的拖鞋装饰到墙面上。

活动四：夸夸家乡的鞋（综合活动）

活动目标：

1. 收集、了解家乡的鞋，知道家乡鞋的主打产品及其特点。

2. 展开想象设计不同功能的鞋子，发展幼儿的创造力。

3. 体验与同伴合作创作的乐趣。

活动准备：

1. 幼儿准备：家长带幼儿参观家乡的鞋厂，了解鞋子的不同特点，并带一双自己喜欢的鞋子来幼儿园。

2. 教师准备：参观瑞安主要的鞋厂（荣光集团、赛纳集团、多尔康集团等），收集瑞安有特色的鞋子，了解其主要特点。

活动过程：

1. 幼儿间相互交流收集的鞋材料，丰富对家乡鞋子的认识。

提问：上个星期六，爸爸妈妈都带你们去参观了什么鞋厂？它们都生产什么鞋子？它们的鞋子都有哪些特点？给人们的生活带来怎样的好处？你喜欢它们吗？幼儿结合自己带来的鞋子向同伴介绍自己收集的知识。

2. 教师引导幼儿认识家乡鞋的主打产品及其独特的功能。

（1）赛纳集团的劳保鞋有防水、防火、防砸、防刺穿、防酸碱等特点。

（2）荣光集团的胶鞋。

（3）多尔康的皮鞋。

教师结合材料与实物与幼儿一起认识、试验、发现。

3. 设计活动“神奇的鞋子”。

（1）幼儿分组合作设计神奇的鞋子。

（2）每组派代表向同伴介绍自己组设计的具有特殊功能的神奇的鞋子。

活动五：参观商城——鞋城

活动目标：

1. 幼儿观察各种各样的鞋子，感知不同种类鞋子在外形、质地上的不同。

2. 了解商城——鞋城是瑞安鞋子对外贸易的集散地。

活动准备：

（略）

活动过程：

1. 教师在教室交代要求。

（1）观察各种各样鞋子的外形及它们的制作材料。

（2）遵守参观秩序，不大声喧哗、推挤。

（3）幼儿在师的带领下参观商城——鞋城。（师在旁引导幼儿观察各种鞋子的商铺以及人们交易的繁荣情景）

2. 幼儿回教室相互进行交流。

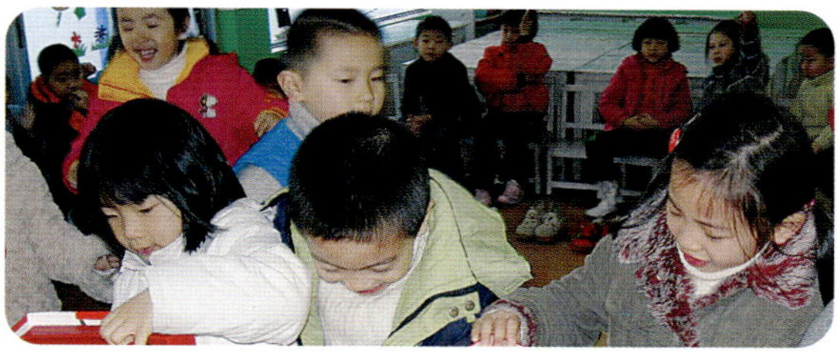

活动六：绘画——设计鞋子

活动目标：

1. 大胆创新，设计一双自己喜欢的鞋子。

2. 知道自己设计的鞋子是用什么材料做的。

活动准备：

（略）

活动过程：

1. 谈话。

（1）参观商城的时候你都看到了什么鞋子？

（2）你喜欢哪双鞋？它是什么样的？用什么材料做的？有什么本领？

2. 幼儿进行绘画，师巡回指导。

3. 总结谈话。

师：请小朋友说说你设计的鞋是什么鞋？是用什么材料做的？有什么本领？

4. 集体幼儿评选。

评出最具创意奖、最耐穿奖和最美观奖等若干名。

亲亲商城（大班）

柯芙蓉　全海帆　金小琴

一、主题背景

当了解到商城里的经营者每天都是天不亮就开始做生意，他们不怕苦、不怕累，带来了商城的繁华，带动了瑞安经济的腾飞时，孩子们深深地被鼓舞了。有的说："原来赚钱这么辛苦啊！"有的说："我妈妈就是在商城里卖衣服的，以后我要帮助妈妈做点事情，让妈妈多休息一下。"还有的说："我们瑞安人真聪明，真了不起！"

二、主题总目标

1. 知道商城是一个经营百货的集散地，商城的繁华贸易推动了瑞安经济的发展。
2. 学习经营者们不怕苦、不怕累的精神。

● 活动一：亲亲商城

活动目标：

1. 知道商城是一个经营百货的集散地，商城的繁华贸易推动了瑞安经济的发展。

2. 激发幼儿产生爱家乡的自豪感。

活动准备：

（略）

活动过程：

1. 组织出发。

2. 带领幼儿参观商城，对幼儿进行引导观察。

提问：商城里都有卖什么东西？人们是怎么进行贸易活动的？

3. 谈话交流。

师：小朋友们，早上我们去了哪里？在那里你都看到了些什么？商城有什么用？为什么要建立商城？

小结：商城里可以买很多百货，而且价格比其他市场上稍便宜一些，给人们的生活带来了便利。

师：如果你是商城的老板，你想开什么店？为什么？

提问：商城对我们瑞安的经济有好处吗？为什么？可以说说自己的想法吗？

活动分析：

很多温州其他地区的人都来瑞安商城进货，我们瑞安人也经常到商城购物。商城给我们瑞安的经济带来了很大的推动作用。

活动二：绘画商城

活动目标：

1. 大胆想象、积极构思，运用鲜艳的色彩进行绘画。

2. 在绘画活动中增强幼儿爱家乡、爱祖国的情感。

活动准备：

略

活动过程：

1. 引题。

提问：你喜欢瑞安商城吗?你觉得商城什么地方最吸引人?

2. 出示范画。

师：早上老师和你们一起逛了商城，我也觉得非常好玩，我还把早上看见的都画下来了，我们看看都有什么?

3. 幼儿作画。

师：你们看见了什么？请小朋友把自己看见的，或者是最吸引自己的事物画下来，让画告诉别人我们所见到的商城。

4. 师交代要求，并巡回进行指导。

师：小朋友在画的过程中，可以用漂亮的颜色把我们的商城打扮得漂漂亮亮的，你还可以把自己心里想的商城画下来，看谁画的商城最吸引人。

5. 教师对幼儿的作品进行展示，并组织幼儿进行评选。分别设奖：最佳创意奖、最佳美观奖和最佳相似奖。

活动三：美丽商城摄影展

活动目标：

感受新商城的美丽风光，培养幼儿的审美能力。

活动准备：

（略）

活动过程：

1. 发出活动倡议。

2. 组织亲子活动：摄影展。

·名胜古迹·

瑞安名胜古迹——玉海楼(大班)

柯哲华　阮侠　潘慧芳

一、主题背景

玉海楼是浙江四大著名藏书楼之一。以巨著《玉海》作为楼名。玉海楼巨大的文化价值吸引着无数海内外学者，也影响着一代又一代的瑞安人。玉海楼的主人——孙诒让，他的精神勉励着一代代的瑞安人。作为瑞安的孩子，更应该从小知道玉海楼，了解玉海楼，使家乡的人文精神和本土文化代代流传。

二、主题总目标

1. 了解玉海楼的历史及相关知识。
2. 培养幼儿爱家乡的情感。

活动一：玉海楼

活动目标：

1. 知道玉海楼是瑞安的名胜古迹。
2. 培养幼儿爱家乡的情感。

活动准备：

请幼儿和家长一起搜集玉海楼的照片和图片。

活动过程：

1. 幼儿分组欣赏不同方位的玉海楼照片。(教师张贴幼儿带来的有关玉海楼前后、内外各个不同位置的图片)

2. 幼儿提问，教师解答问题。

(1) 为什么叫“玉海楼”？

(2) 玉海楼为什么这么有名?

小结：玉海楼里收藏了大量名家手抄本、批校本、手校本和稿本；还有民间收藏家捐献的书刊、文物、字画，现已达8万余册，是全国重点文物保护单位。

(3) 为什么玉海楼至今还存在?

(4) 玉海楼吸引了哪些名人去瞻仰?

3. 教师总结。

延伸活动：让家长带孩子去参观玉海楼。让幼儿去收集关于玉海楼的一些故事。

活动分析：

本次活动通过幼儿资料的搜集，在宽松、开放的氛围中，幼儿与幼儿之间相互交流自己对玉海楼的了解，“师生互动”时，幼儿思维活跃。同时，教师抓住玉海楼的重点，让幼儿充分了解玉海楼的价值。可活动后部分幼儿的参与性和主动性不强，教师应多思考幼儿兴趣和可接受性。

活动二：说说玉海楼

活动目标：

1. 发展幼儿的比较能力和语言表达能力。
2. 培养幼儿爱家乡的情感。

活动过程：

1. 观看玉海楼图片。

(1) 师：玉海楼房子与现在的房子有什么不同？为什么有雕塑？

(2) 你觉得它哪里不同?

活动过程：

2. 绘画。

把你印象中的玉海楼画出来。（图片看过的）

要求：可以画全景，画一个建筑物，也可以画藏书。

活动分析：

经过上次的活动，幼儿对玉海楼有了初步的了解，在此基础上幼儿能说说自己感兴趣的地方或有疑问的地方。以幼儿的视角来说说玉海楼、画画玉海楼，可以增加幼儿对玉海楼了解的兴趣。活动在轻松热烈的氛围中结束。

活动三：拍拍玉海楼

活动目标：

1. 发展幼儿的审美情趣。
2. 培养幼儿的自信心。
3. 培养幼儿爱家乡的情感。

活动准备：

幼儿自己拍摄较好的照片，放在电脑上。

活动过程：

1. 讲解上次拍摄活动的事项。
2. 出示幼儿拍摄的照片展。
3. 重点分析讲解门窗、屋檐的特点。

活动分析：

通过幼儿的亲身经历来认识、了解玉海楼一直是最有效的活动。带着拍照的任务，可使活动更加有目的、有意识的进行。

这次活动，幼儿对自己拍摄的照片很自豪，能够说出照片的名称及其在玉海楼的位置。通过交流幼儿拍摄的照片，还可以帮助幼儿从不同的角度来认识楼阁。

瑞安名胜古迹——利济医学堂（大班）

柯哲华　蔡丽颖

一、主题背景

利济医学堂规模不大，建筑上也无经典之处，但却有一段辉煌的往事，作为主创人——陈虬老先生的事迹更加影响深远。为了加强幼儿对利济医学堂的认识，激发幼儿对乡土文化的探究兴趣，培养他们保护名胜古迹和爱家乡的朴素情感，我们设计了这一主题活动。

二、主题总目标

1. 通过观看 PPT、参观等途径来了解利济医学堂悠久的历史。
2. 拓展幼儿的知识视野，培养他们喜欢家乡的名胜古迹，激发幼儿对乡土文化的探究兴趣。
3. 感受家乡的变化和发展，激发幼儿爱家乡的情感。

活动一：利济医学堂

活动目标：

1. 通过搜集资料和幼儿间的相互介绍，使幼儿能初步了解利济医学堂的相关知识。
2. 培养幼儿探究的欲望。

活动准备：

幼儿和老师一起搜集有关利济医学堂的资料，教师制作PPT。

活动过程：

1. 幼儿相互介绍、交流自己搜集的资料。

2. 带着疑问观看PPT，并找出答案。

3. 教师和幼儿一起进行总结归纳，引发幼儿继续探究的欲望。

4. 集体展示资料。

幼儿和教师对有关资料进行分类，设计版块，进行展示。

> **活动分析：**
>
> 利济医学堂是我国重点文物保护单位。但知道它的人却寥寥无几，为了使家乡的文化古迹源远流长，"从小做起"是非常重要的。这次活动通过让幼儿自己搜集资料，自己介绍资料，给幼儿充分说话与交流的机会。

活动二：参观利济医学堂

活动目标：

1. 通过参观利济医学堂，继续了解利济医学堂的发展历史及其意义。

2. 培养幼儿的观察力，并激发幼儿作为瑞安人的自豪感。

活动准备：

联系解说员，安排好参观线路。

活动过程：

1. 幼儿随着解说员参观利济医学堂。

（1）这是利济医学堂的哪里？它有什么特点？

（2）你最喜欢利济医学堂的哪个地方？为什么？

（3）你看到了哪些药草？

2. 幼儿自由参观。

3. 要求：写周记，谈谈第二次参观利济医学堂的感受。

> **活动分析：**
>
> 幼儿对利济医学堂充满了好奇，在本次活动中以幼儿的亲身经历为素材，贴近社会、贴近生活，让幼儿亲身感悟自己家乡的文化古迹。孩子们有许多疑问亟待解答；有些提问出乎意料得自然、有深度，如：利济医学堂是谁创办的？有些什么草药？作为文物，只有走近它才能了解它。让幼儿在真实的环境中求知吧！

活动三：制作植物标本

活动目标：

1. 了解叶的标本的作用。

2. 初步学会制作叶的标本。

3. 培养制作标本的兴趣。

课前准备：

1. 每个幼儿收集一些植物的叶子，并将叶子夹在书里，压制成干叶。

2. 自然材料。

活动过程：

1. 活动导入，出示腊叶标本。提问：这是什么？它是怎么做出来的？

2. 授新。

（1）采集、压制叶的标本。

请幼儿出示课前采集并且压制成的干叶，让幼儿互相评一评谁压制得好。教师归纳采集、压制叶的标

活动过程：

本的基本要点和要求。取出自然材料中的叶标本制作材料。请每个幼儿从课前准备的已压制好的叶子中，挑选出符合制作标准的叶子3～4片。（要求：有完整的叶片和叶柄压得平整、干燥）

（2）上台纸。

把自己认为最满意的叶子摆在图画纸上，叶柄朝下，叶尖超朝上，叶子正面向上，叶的背面靠纸，叶子在台纸上要摆得美观均匀。

（3）固定。

让幼儿用胶带纸固定叶子标本。（也可以用针线来固定）教师示范，注意保持台纸的清洁及叶子标本的完整。

（4）贴标签。

教师先给每人分发一张标签，幼儿按标签的规定填写植物名称，并将认真填写好的标签贴在台纸的右下角。

3. 引导幼儿欣赏自己动手制作的成果。

指导幼儿互相观察制作成的叶的标本，讨论植物标本的用途。

活动分析：

分组活动一直是幼儿比较喜欢的活动形式，这样他们可以自由选择自己喜欢的活动小组。在活动过程中，幼儿的主动参与性比较强，活动结束后大部分幼儿做出了满意的作品。

瑞安名胜古迹——隆山塔（大班）

柯哲华　施正虹　李慧

一、主题背景

我们的家乡瑞安是一座文化底蕴丰厚的古镇。在瑞安隆山上就有一座北宋朝文化遗产——隆山塔，我们利用家乡得天独厚的自然资源，让幼儿在真实、自然、熟悉的环境中学习、活动。让家乡所特有的自然景观走进幼儿园，融入幼儿的一日生活，让幼儿获得有益的学习经验的同时激发爱家乡的情感。

二、主题总目标

1. 通过收集资料、看PPT了解瑞安的名胜古迹——隆山塔，知道它的相关知识。
2. 拓展他们的知识视野，培养他们保护名胜古迹，激发对乡土文化的探究兴趣。
3. 培养幼儿的审美情趣，激发他们爱家乡的情感。

活动一：瑞安名胜古迹

活动目标：

1. 初步了解瑞安有哪些名胜古迹。
2. 培养幼儿了解家乡名胜古迹的兴趣和欲望。

活动准备：

教师制作瑞安的名胜古迹PPT。

活动过程：

1. 介绍瑞安概况。

师：我们的家乡瑞安是一座历史名城，知道瑞安的名胜古迹有哪些？

2. 结合PPT，介绍瑞安的名胜古迹及特点。

活动过程：

（1）解释“名胜古迹”。

（2）提问：你都知道哪些名胜古迹？是哪里？你去过吗？它的历史、特点有哪些？

3. 讨论：你最喜欢哪一处名胜古迹，为什么？

4. 请小朋友从家乡的名胜古迹中选一个自己最喜欢、最想了解、最受欢迎的一处作为下个活动的主要了解对象。

5. 教师小结。

活动分析：

本次活动以PPT形象、生动地介入课堂活动，幼儿的兴趣得到了很大的提高，也初步了解了一些瑞安的名胜古迹。接下来的重点应请孩子按照自己的意愿选出想了解的瑞安其中一处名胜古迹，并进行深入了解。

活动二：名胜古迹——隆山塔

活动目标：

1. 了解瑞安的名胜古迹——隆山塔，知道它的相关知识。

2. 培养幼儿爱家乡的情感。

活动准备：

隆山塔的图片及相关介绍。

活动过程：

1. 请小朋友介绍关于隆山塔的知识。

2. 认识隆山塔。（出示模型及相关图片）

讨论：（1）你知道隆山塔是哪个朝代建造的？造在哪儿？

（2）塔里面可能有什么？

（3）塔有多少年的历史？用什么材料造的？

（4）塔有多高？塔有几层？

教师当讲解员向幼儿介绍隆山塔的概况。

3. 你们还想知道哪些关于隆山塔的知识？

幼儿提问，教师解答。对于不能确定的答案请幼儿回家和爸爸妈妈共同寻找答案。

活动分析：

本次活动摈弃了以往活动中教师问—幼儿答的一贯模式，采用多种谈话方式：

幼儿问—幼儿答；

教师问—幼儿答；

幼儿问—教师答。

在宽松愉悦的氛围中，幼儿一直主动地进行思维和交流，表达自己的想法。

活动三：印象中的隆山塔

活动目标：

1. 能学画塔的基本造型：高大、尖顶、多层、结构对称。

2. 能大胆地装饰塔，添画相关的景物。

活动准备：

隆山塔的照片、纸、水彩笔和油画棒等。

活动过程：

1. 引出课题。

自由欣赏隆山塔，观察塔的结构。

2. 讲解示范。

(1) 教师分析塔的结构特点：尖顶、多层等。你刚才看到的塔是怎么样的？

(2) 先画尖顶是什么形状？塔身怎么画？高度有几层？（从上而下，一般由小及大）画上一层层的挑面、窗口和门等。

(3) 看谁画的塔最巍峨、最秀美。

3. 幼儿练习。

鼓励幼儿大胆作画，画出形状不同的塔，并能对塔进行装饰，画出相关的景物。

4. 讲评。

和幼儿一起布置“塔林”，共同欣赏。

活动四：塔

活动目标：

1. 学习用双三角形变正方形再变三角形的方法折叠塔。

2. 培养耐心细致的折纸习惯。

活动准备：

大小不一的正方形纸每人3~5张。

活动过程：

1. 引出课题，出示范例。

师：小朋友，你们看这座塔怎么样？

2. 幼儿看示意图折宝塔。

(1) 看清楚示意图的折法，耐心细致地做好每一层。

(2) 记住有困难的步骤。

3. 请幼儿说说有困难的步骤，教师详细讲解。

(1) 正方形纸边对折，分别折出两条中心线后打开。

(2) 朝上对折成长方形，下面两个角朝中线折成两个三角形。

(3) 两个底角朝顶角折成双三角形。

(4) 双三角形拉开成两个正方形。

(5) 把正方形的靠中线的两个角分别往对角折。

(6) 分别向反方向的中心线对折，把角往外拉出成挑角。

4. 幼儿练习：给动作快的幼儿多提供些纸，把塔叠得更高。

5. 讲评：看谁的塔最高，叠的最平整。

活动分析：

经过上次谈话活动，幼儿对隆山塔有了一定的理性认识，而室外的拍照活动也让幼儿对隆山塔的感性认识得到了提升。在此基础上，让幼儿画画隆山塔，使幼儿的内在认识外化为一种艺术表现形式，进一步让幼儿感受隆山塔的魅力。

活动分析：

这节手工课“折塔”，教师首先“授人以渔”，插入折纸示意图，能力强的幼儿看教师示范讲解后就能独立完成，个别能力较弱的幼儿在折纸过程中与其他幼儿进行交流，在轻松愉快的氛围中自然学会，并在让幼儿重复练习把塔叠高的这环节把活动推上高潮，幼儿非常投入，兴趣很高。此活动的材料可投放于教室的区角，让幼儿随时练习。

活动五：我心中的隆山塔

活动目标：

1. 通过与家长共同制作隆山塔的服装，培养幼儿创造能力和审美情趣。
2. 乐于用“隆山塔”服饰表现自己。

活动准备：

各种卡纸、笔、剪刀，时装表演的音乐。

活动过程：

1. 教师穿上制作好的“隆山塔”的服装进行时装表演，引起幼儿的兴趣。

师：小朋友，老师今天穿的服装漂亮吗？和平时穿的有什么不一样呢？

2. 讲解示范制作步骤。

（1）设计图稿。

（2）裁剪。

（3）粘贴和装饰。

3. 请幼儿说说自己的设计思路。

提问：你想设计什么样的款式？裤装还是裙装？几层呢？

4. 幼儿与家长一起制作，教师巡回指导。

（1）家长起辅助指导作用，鼓励幼儿自己设计。

（2）想出与别人不一样的设计。

5. 幼儿集体服装展示。（配乐）

活动分析：

在设计服装时，幼儿都跃跃欲试，拿着报纸量体裁衣，经过一番努力，每个幼儿的身上都穿上了自己做成的服装（尽管有的还不像隆山塔的服装，只是挖了个领子套在了身上），活动室里洋溢着一片欢笑！幼儿不在乎最后的结果，而注重的是活动的参与过程，这就是与成人评价标准的区别！

·名人逸事·

瑞安名人（大班）

蔡丽颖　柯哲华

一、主题背景

飞云江畔这片古老的土地被人们誉为“东南小邹鲁”，有史以来，学人蔚起，书声比户，人才辈出。而随着历史的推移，时光的流逝，这些本土的名人渐渐从人们的记忆中消失。本活动是为了让幼儿了解瑞安名人的璀璨事迹和感人精神，让幼儿了解家乡的独特文化，激发热爱家乡的情感，进而为瑞安文化的传承和发展奠定初步基础。

二、主题总目标

1. 让幼儿知道我们的家乡瑞安有哪些名人及他们的成名之处。
2. 感受瑞安名人的璀璨事迹和精神，培养幼儿爱家乡的情感。
3. 培养幼儿自信、乐观、向上的品质。

活动一：瑞安名人知多少

活动目标：

1. 初步了解瑞安有哪些名人并知道名人的名字。
2. 熟悉瑞安名人的出名之处。（学习新词：名人）

活动准备：

幻灯片、各名人的图片资料或录影资料。

活动分析：

“瑞安名人”这个课题对我们来说非常陌生，因为对于存在于现代社会的我们更多的是追求潮流、先进，而将一些有价值的东西遗忘在历史的角落。

整个活动开展下来，让我感到欣喜的是幼儿对“瑞安名人”这个话题非常感兴趣。“兴趣是最好的老师”，这让我对开展此课题增强了不少信心。

活动过程：

1. 引出主题，激发兴趣。

师：今天，老师请了许多客人，大家想不想认识？

2. 辨析概念，游览照片。

幼儿浏览各名人的图片。

3. 幼儿选择，教师讲解。

（1）知道他们是谁，是哪里人？

（2）他们有哪些成名作？

4. 设计游戏，理解区别。

（1）他们出名的地方都一样吗？

（2）有哪些地方不一样？

5. 归纳总结，内化迁移。

活动二：瑞安名人美名扬（诗歌）

活动目标：

1. 在理解诗歌内容的基础上有感情、有节奏地学念诗歌。
2. 感受作为瑞安人的自豪感，培养幼儿爱家乡的情感。

活动准备：

名人图片和名字卡片。

活动过程：

1. 教师提问，引起兴趣。

提问：喜欢我们的瑞安名人吗？为什么？

2. 创编诗歌，欣赏理解。

（1）师：老师也非常喜欢瑞安名人，还编了一首瑞安名人的诗歌。教师朗诵诗歌。

（2）提问：你听到诗歌里都有哪些瑞安名人？

3. 观看图片，加深理解。

提问：还有哪些句子不懂？

4. 朗诵诗歌，内化情感。

活动分析：

随着幼儿对名人了解的气氛越来越浓厚，小朋友之间说得最多的一句是：你知道某某名人吗？但是幼儿的记忆有限，不能记住所有的名人，让幼儿通过欣赏和朗诵诗歌来了解名人，使他们在朗诵时朗朗上口。这样，既能增强氛围，又便于幼儿记忆和回味。

活动三：我爱曾联松爷爷

活动目标：

1. 知道曾联松是我国的国旗设计者，了解他的主要成就和事迹。

2. 培养幼儿爱祖国、爱人民的的情感。

活动准备：

图片。

活动过程：

1. 出示国旗。这是什么？是谁设计的？

2. 听曾联松的成就和事迹。

3. 曾联松是哪个地方人？

4. 组织幼儿讨论我们从小应该怎样学本领。

活动分析：

在活动中幼儿能积极参与讨论，认为曾爷爷刻苦专注地设计国旗的精神很伟大，值得学习。但是孩子们毕竟缺乏经验，不能具体地说出自己从小应该怎样学本领。

活动四：我学曾爷爷设计班徽

活动目标：

1. 能用自己喜欢的材料和美术表现形式，设计班徽。

2. 体验与众不同的设计所带来的快乐和成就感。

活动准备：

幻灯片（各国国徽）、各种卡纸和彩色纸片、剪刀、固体胶、水彩笔、废旧画报。

活动过程：

1. 欣赏国徽，引起兴趣。

（1）师：小朋友，谁知道我们中华人民共和国的国徽是怎样的？

（2）你知道中国国徽表示什么意思吗？

（3）国徽有什么用呢？

（4）今天，老师带来了许多国家的国徽，大家欣赏后告诉老师你最喜欢哪一个国家的国徽？为什么？

2. 探索实践，内化迁移。

曾爷爷设计了国旗，我们也来学曾爷爷来设计我们班的班徽，看谁设计的既有意义又漂亮。

（1）你准备怎样设计？

（2）表达表现，体验乐趣。

（3）设计的班徽有什么意义？

3. 延伸活动：家长和幼儿投票选出最能代表本班的班徽。

活动分析：

通过观察与学习，孩子自己运用了各种符号和图画来设计班徽，非常形象生动。

活动五：“文化名人”孙诒让的故事

活动目标：

1. 通过故事以及各类相关资料的搜集，让幼儿对瑞安“文化名人”——孙诒让有个初步的认识，感受孙爷爷努力好学、乐于奉献的精神。

2. 培养幼儿继续探索孙爷爷有关知识的兴趣和欲望。

活动准备：

1. 课前请幼儿家长带幼儿参观“玉海楼”、瑞安中学等与孙诒让有关的地点。

2. 幼儿和家长搜集有关孙诒让的资料。（如照片、图书、小故事等）

3. 布置专题环境版块。

活动过程：

1. 情景感知，引发兴趣。

游戏：教师用布蒙上幼儿的眼睛，让幼儿尝试在黑暗的环境下摸书。

讨论：你知道这本是什么书吗？为什么会不知道？

总结：只有特别熟悉书的特点，才能找到。

2. 讲述故事，引出主题。

教师完整讲述故事《黑夜摸书》。

提问：这位小朋友是谁？他为什么在黑夜里也能把书摸出来？你觉得孙诒让爷爷是怎样的一个人？

教师小结：正因为孙爷爷小时候很努力好学，所以长大后取得许多成绩，为我们瑞安人民作出了很多贡献，成为了瑞安的文化名人。

3. 交流资料，分享知识。

幼儿分组交流相关资料，分享经验。

(1)你了解多少有关孙诒让爷爷的事情？

(2) 你还想了解孙爷爷什么事情？

4. 画画我心中的玉海楼。（瑞安中学）

活动分析：

通过讲故事、做游戏和小组讨论等形式，让幼儿在活动中感受和学习孙爷爷刻苦学习的精神。

活动六：高则诚和叶适

活动目标：

1. 通过收集材料、听故事、观看录像了解高则诚和叶适生平事迹和主要贡献。

2. 培养幼儿爱家乡的美好情感，并激发幼儿作为瑞安人的自豪感。

活动准备：

1. 课前请幼儿与家长共同收集材料，增加幼儿对高则诚和叶适的了解。

2. 制作版块并布置环境，在活动室张贴关于高则诚和叶适的图片和文字资料。

活动过程：

1. 请小朋友们自由观察、自由讨论并交流自己所收集的资料。

2. 请幼儿向大家介绍自己所收集的材料。

提问：你知道哪些关于高则诚和叶适的知识？

3. 教师根据幼儿讨论情况，结合视频、故事进一步讲述高则诚的主要事迹。

(1) 提问：高则诚是哪个朝代的人？他又叫什么名字？他的代表作是什么？

(2) 提问：知道鼻祖是什么意思？

结合故事《高则诚智对尚书》、《高明桥与麻子桌》，提问：故事里说高则诚是怎样一个孩子？故事里的石桌为什么会变成麻子桌？高明桥是怎么来的？

4. 游戏：知识竞赛。

5. 延伸活动：参观高则诚和叶适纪念馆。

活动分析：

小朋友们通过与家长共同收集材料、听故事、观看录像了解高则诚是“南曲之祖”，对南戏创作有着重要卓越的贡献。为了进一步了解家乡名人高则诚的生平事迹和主要贡献，培养幼儿爱家乡的美好情感，并激发幼儿作为瑞安人的自豪感。在主题活动中，通过尝试摄影、知识竞赛等形式，丰富了幼儿对高则诚等几位名人的相关知识，并培养了幼儿的探究欲望和集体荣誉感。

活动七：我的名人梦想

活动目标：

1. 能大胆地表述自己的梦想。
2. 能用绘画的方式表达自己的梦想。

活动准备：

1. 在日常活动中，与幼儿广泛地交谈有关梦想的话题。
2. 纸、勾线笔。

活动过程：

1. 谈谈梦想。

(1) 梦想就是自己非常想做的事，梦想有大有小（不易实现和容易实现），有远有近（以后实现和近期实现）。

(2) 你有哪些梦想？

2. 画出梦想。

(1) 选出你最想实现的梦想，把它画出来，且能让别人看明白。

(2) 幼儿作画，教师巡回了解幼儿的想法，并用简短的语言记录。

(3) 展示作品。

(4) 向同伴介绍自己的梦想，说说自己准备怎样实现梦想。

请幼儿回家继续画出自己的其他梦想，并把梦想贴在醒目的地方。

活动分析：

在活动中，孩子们的积极性很高，能较完整地表达自己的梦想，并用各种符号，非常生动、形象地展现了自己的梦想。